국제스포츠
실무 기본서

국제 무대에서 바로 통하는 행정 노하우

스포츠 행정가를 위한

국제스포츠
실무 기본서

박주희 · 강연흥
Maria Delgado · 이지민 지음

이담북스

머리말

국제스포츠 현장 전문가들이 집필한
기본 지식과 정보를 전하는 책

대표저자 박주희

　　스포츠는 전 세계인을 한자리에 모으고, 국가 간 화합과 우정을 도모하는 힘을 가지고 있다. 이를 통해 사람과 사람을 연결하고 삶의 가치를 일깨워주는 매우 좋은 수단이다.

　　국제스포츠 이벤트는 축제의 역할뿐만 아니라 페어플레이 정신을 전파하고 누구나 참여할 권리를 가질 수 있도록 지원한다.

　　스포츠의 가치와 기능을 실현하기 위한 올림픽 및 패럴림픽, 아시안게임, 세계선수권, 유니버시아드와 같은 국제대회 및 국제회의 등 국제스포츠 이벤트 현장에는 각 분야별 전문가들이 중심에 있다. 스포츠를 사랑하는 스포츠행정가로서 국내외를 넘나들며 직·간접적으로 느꼈던 경험을 바탕으로 행정과 실무업무에 기본적으로 필요한 지식을 공유하고자 국제스포츠 무대 한가운데서 활발하게 활동 중인 동료들과 함께 이 책을 집필하게 되었다.

필자는 수 많은 국제스포츠 현장에서 활동하며 다양한 사람들을 하나로 모으고 더 나은 세상을 위해 함께 힘을 발휘하는 스포츠의 영향력을 경험하고 있다. 대한민국 스포츠는 올림픽 세계 4위, FIFA 월드컵 4강에 오르며 국민에게 자부심을 심어주었고, 동계·하계 올림픽을 비롯한 세계 5대 스포츠 이벤트를 성공적으로 개최하는 저력을 보였다. 또한, 2018 평창 동계올림픽대회와 2018 자카르타-팔렘방 아시안게임에서 남북 단일팀을 구성하여 전세계의 평화의 가치를 널리 알리기도 했다. 대한민국은 2024 강원 동계청소년올림픽대회 유치를 통해 2018 평창의 영광을 기리고 IOC에서 강조하는 올림픽 유산의 보존과 지속 가능한 발전에 기여함으로써 국제 스포츠계의 영향력을 축적하며 대표적인 스포츠 선진국으로 활약하고 있다.

오늘날 스포츠는 전 세계를 하나로 모으는 대표적인 소프트 파워가 되었고, 국가 경쟁력을 나타내는 중요한 수단이기도 하다. 이에 따라 국가의 영향력을 강화하는 기반으로서 스포츠에 대한 이해는 필수적이며 국제스포츠 현장에서 활약했던 전문가들과 현장 실무자들의 역할은 더욱 필요하고 확대되고 있다.

이 책은 국제스포츠기구의 기본 이해부터 현장의 실제 업무에 활용 가능한 실용적인 행정 스킬과 현장 영어표현, 국제스포츠 공식명칭 그리고 기구 정보까지 국제스포츠 현장에서 활동하며 꼭 필요한 실무내용과 스포츠에 대한 기본 지식을 얻을 수 있다. 특히, 국제스포츠 최전선에서 활동하고 있는 현장 실무자들이 집필하여 국제스포츠를 근본적으로 이해하는 데 필요한 맥락과 가치 있는 정보를 제공하고 있으며, 국제스포츠 실무업무의 기본과 발전내용까지 반영함으로써 스포츠의 변화와 흐름에 따른 실질적인 업무를 이해하도록 돕는다.

이 책을 통해 국제스포츠 현장에서 활약하는 많은 분들에게 유용한 정보들이 실질적 도움이 되기를 바라며, 스포츠에 관심 있는 사람들과 이 분야로 진출하고자 하는 차세대 인재들에게도 기본안내서가 되길 희망한다.

Contents

[In the Field]

Chapter 4. 스포츠 현장 영어 표현

PART 3

국제스포츠
정보

Chapter 5. 국제스포츠 공식 명칭

Chapter 6. 국제스포츠기구 정보

Part 1

국제스포츠
조직

Chapter 1

올림픽과 패럴림픽

올림픽 및 패럴림픽대회는 4년에 한 번 개최되는 세계적인 스포츠 축제이다. 스포츠를 통한 인간 육성과 세계 평화 증진을 궁극적 목적으로 하고 있다. 국제올림픽위원회(IOC)가 개최하는 올림픽대회는 하계올림픽대회와 동계올림픽대회로 구성되어 있으며, 전 세계 청소년이 우정을 쌓고 화합을 도모하기 위해 청소년올림픽대회도 개최한다. 청소년올림픽대회는 하계청소년올림픽대회와 동계청소년올림픽대회가 4년마다 번갈아 개최되며, 오는 2024년에는 강원도에서 아시아 최초로 동계청소년올림픽대회가 개최된다.

국제패럴림픽위원회(IPC)가 주최하여 4년 주기로 개최되는 패럴림픽대회는 장애인들의 올림픽이라는 뜻으로 올림픽이 폐막한 후 1달 정도 기간 내에 올림픽이 개최되었던 동일 도시, 동일 시설에서 개최된다. 패럴림픽대회도 올림픽대회와 동일하게 하계패럴림픽대회와 동계패럴림픽대회가 개최되며, 장애인등급별로 종목을 다시 나누기 때문에 많은 세부종목이 존재한다.

올림픽 스포츠기구(Olympic Sport Organisations)

1. 국제올림픽위원회(International Olympic Committee, IOC)

국제올림픽위원회 개요

위치	스위스, 로잔
가입 국가	206개국
정식 종목	하계: 28개 종목 동계: 7개 종목
위원장	토마스 바흐(Thomas Bach)
올림픽 상징	오륜기는 올림픽 무브먼트(Olympic Movement) 활동을 표현하고, 올림픽에서 5대륙(유럽, 아시아, 아프리카, 오세아니아, 아메리카)의 연합과 세계 각국의 선수 모임을 대표한다(올림픽헌장, 규칙 제8조).
비전	스포츠를 통해 더 나은 세상을 만들다.
가치	탁월함(Excellence), 존중(Respect), 우정(Friendship)
미션	올림픽 경기의 독특함과 정기적인 축제를 보장한다. 올림픽 무브먼트 중심에 선수를 둔다. 젊은 사람들을 중심으로 스포츠와 올림픽의 가치를 홍보한다.
원칙	보편성과 연대, 다양성의 통일, 자율성과 훌륭한 관리, 지속 가능성

국제올림픽위원회(IOC)는 1894년 6월 23일에 창설된 비영리, 비정부 국제기구로 스위스 로잔에 본부를 두고 있는 국제스포츠계의 최고 의사 결정 기구이다. IOC는 '올림픽 무브먼트의 최고 권위자'이자 스포츠를 통해 더 나은 세상을 만들기 위해 헌신하는 독립적인 기구이다. 올림픽 무브먼트의 공식 규정집인 올림픽헌장에 따르면 IOC의 임무는 '전 세계에 올림픽 정신을 알리고 올림픽 무브먼트를 이끄는 것'이며, 역할 중 하나는 올림픽을 개최하는 것이다. 이를 위해, 최소 연 1회 총회(Session)를 열고 올림픽 개최도시 선정, 올림픽 프로그램 구성 및 신임 IOC 위원 선출 등 중요한 결정을 하게 된다.

자격별 IOC 위원 최대정원

자격	최대정원
개인 자격	70명
선수 자격	15명
국제경기연맹 자격	15명
국가올림픽위원회 자격	15명
합계	**115명**

IOC의 실질적인 집행기관인 집행위원회는 IOC 위원장을 포함 총 15명의 위원으로 구성되어 있다. 또한 29개의 분과위원회('22년 8월 기준)가 있어 1년 내내 지속적으로 관련 임무를 수행하고 있다. 115명의 IOC 위원은 개인, 선수 출신, 국제경기연맹 대표, 각국 국가올림픽위원회 위원장 등으로 구성된다. IOC는 수입의 90%를 스포츠 발전에 돌려주고 있으며, 이는 주로 국가올림픽위원회(NOC), 국제경기연맹(IF), 올림픽대회조직위원회(OCOG) 그리고 올림픽 무브먼트 촉진 등 전 세계의 다른 스포츠 거버넌스 기구에 자금을 지원하는 것을 의미한다.

올림픽 어젠다 2020+5

IOC는 2021년 3월, 온라인으로 진행된 제137회 IOC 총회에서 연임에 성공한 토마스 바흐 IOC 위원장의 마지막 임기 4년 동안 IOC의 방향성을 잡아줄 올림픽 어젠다 2020+5를 만장일치로 승인한 바 있다. 총 15개의 권고안으로 구성된 올림픽 어젠다 2020+5에는 IOC와 e스포츠의 관계, 선수 대표자의 역할 강화, 성 평등, 인권 등의 주요 주제가 포함되어 있다. IOC는 새로운 전략적 로드맵이 최근 몇 년 동안 부정부패와 도핑 스캔들로 인해 실추된 명성을 회복하기 위해 고안되었으며, 권고안에서는 크게 연대, 디지털화, 지속 가능성, 신뢰성, 경제 및 금융 회복성 등 다섯 가지 분야에 중점을 두고 있다.

올림픽 어젠다 2020+5의 15가지 권고안

1. 올림픽 고유성 및 보편성 강화

2. 지속 가능한 올림픽으로의 발전

3. 선수의 권리와 책임 강화

4. 우수한 선수들 지속 유치

5. 안전한 스포츠 환경 구축 및 깨끗한 선수 보호 강화

6. 올림픽을 향한 여정의 가치 향상 및 촉진

7. 올림픽 대회의 조화로운 일정 조율

8. 대중과의 디지털 교류 증진

9. 가상 스포츠 개발 장려 및 비디오 게임 커뮤니티와의 교류 확대

10. UN 지속 가능한 개발 목표의 중요한 요소로서 스포츠의 역할 강화

11. 난민에 대한 지원 강화

12. 올림픽 커뮤니티를 넘어서는 상호 교류

13. 기업 시민으로서의 모범 사례를 통한 지속적인 선도

14. 굿 거버넌스를 통한 올림픽 무브먼트 강화

15. 혁신적인 수익 창출 모델 개발

2. 올림픽대회조직위원회(Organising Committee of the Olympic Games, OCOG)

올림픽대회조직위원회(OCOG)는 IOC 창립 2년 후인, 1896년 그리스 아테네에서 열린 근대 올림픽 첫 번째 대회부터 존재해왔다. 조직위원회의 역할과 중요성은 시간이 지남에 따라 조금씩 달라졌는데, 초기에는 올림픽의 기획과 전달에 대한 모든 책임을 졌으며, IOC가 방송권과 후원권 협상을 단독으로 책임지고 나서 조직위원회에 이 자금의 일부를 재분배하기로 할 때까지 일정한 권리를 협상할 자유가 있었다. 특히, 교통, 건설 및 보안 문제를 조정해야 하므로 올림픽대회를 성사시키기 위해 여러 이해관계자들과 협력한다. 최근의 조직위원회는 세계올림픽도시연합(World Union of Olympic Cities, UMVO) 산하에 모여 지식, 전문지식 및 경험을 공유하여 관심 있는 입찰자들에게 올림픽 개최 비용을 잠재적으로 절감해 주고 있다. 대회조직위원회는 유치 후보도시 선정 당시 제안했던 계획을 토대로 경기장, 트레이닝장 및 올림픽 선수촌을 신축하거나 개보수하여 올림픽대회를 원활하게 진행하는 데 필요한 모든 조직에 인프라를 제공하며, 이를 위해 국제경기연맹과 밀접하게 협력한다.

최근 개최 올림픽 및 패럴림픽대회 조직위원회 공식 명칭

2028 LA 하계올림픽대회 및 패럴림픽대회	
2028LA하계올림픽대회및패럴림픽대회조직위원회	LOCOG
LA Organising Committee for the 2028 Olympic and Paralympic Games	

2024 파리 하계올림픽대회 및 패럴림픽대회	
2024파리하계올림픽대회및패럴림픽대회조직위원회	POCOG
Paris Organising Committee for the 2024 Olympic and Paralympic Games	

2020 도쿄 하계올림픽대회 및 패럴림픽대회	
2020도쿄하계올림픽대회및패럴림픽대회조직위원회	TOCOG
Tokyo Organising Committee for the 2020 Olympic and Paralympic Games	

2026 밀라노코르티나 동계올림픽대회및동계패럴림픽대회조직위원회

| 2026밀라노코르티나동계올림픽대회및동계패럴림픽대회조직위원회 | MCOCOG |

Milano Cortina Organising Committee for the 2026 Olympic and Paralympic Winter Games

2022 베이징 동계올림픽대회및동계패럴림픽대회조직위원회

2022베이징동계올림픽대회및동계패럴림픽대회조직위원회   BOCOG

Beijing Organising Committee for the 2022 Olympic and Paralympic Winter Games

2018 평창 동계올림픽대회및동계패럴림픽대회조직위원회

2018평창동계올림픽대회및동계패럴림픽대회조직위원회   POCOG

PyeongChang Organising Committee for the 2018 Olympic and Paralympic Winter Games

* 국제올림픽위원회(IOC)에서 사용하는 명칭 기준

3. 국가올림픽위원회(National Olympic Committee, NOC)

국가올림픽위원회(NOC)는 전 세계 올림픽 무브먼트의 국가적인 구성 요소이다. NOC의 역할은 그들의 관할권 내에서 올림픽 정신을 촉진하고 올림픽에서 그들의 국가를 대표할 올림픽 대표팀을 선발하고 관리하는 것이다. 또한, 국제올림픽위원회(IOC)의 통제에 따라 NOC는 자국민들의 올림픽 참가를 조직할 책임이 있으며, 각각의 지역 내에 있는 도시들을 향후 올림픽 경기의 후보지로 선정할 수 있다.

국가올림픽위원회 명칭

국문	영문	약자
대한체육회	Korean Sport & Olympic Committee	KSOC
일본올림픽위원회	Japanese Olympic Committee	JOC
영국올림픽위원회	British Olympic Association	BOA
.	.	.
.	.	.
.	.	.

4. 국가올림픽위원회연합회(Association of National Olympic Committees, ANOC)

국가올림픽위원회연합회(ANOC)는 1979년에 IOC의 승인을 받아 국가올림픽위원회를 회원으로 하는 비영리 비정부 국제기구이다. 현재 206개의 국가올림픽위원회가 회원으로 구성되어 있으며, 국가올림픽위원회가 직면하고 있는 가장 중요한 문제에 대한 해결책을 찾고 올림픽 무브먼트 의제의 가장 앞에 위치하는 것을 목표로 한다. ANOC는 5개 대륙별 연합회로 구성되어 있으며, 각 국가올림픽위원회는 다음과 같이 5개의 대륙별 위원회 중 하나에 소속되어 있다.

대륙별 위원회 명칭

국문	영문	약자
유럽올림픽위원회	European Olympic Committees	EOC
아프리카국가올림픽위원회연합회	Association of National Olympic Committees of Africa	ANOCA
오세아니아올림픽위원회	Oceania National Olympic Committees	ONOC
팬아메리칸스포츠기구	Panam Sports Organisation[*]	Panam Sports
아시아올림픽평의회	Olympic Council of Asia	OCA

국가올림픽위원회연합회 구성

---

* 구 명칭: Pan American Sports Organisation

ANOC 주요 행사

1. 국가올림픽위원회연합회(ANOC) 총회

ANOC 총회는 스포츠의 UN 총회라 불리며 전 세계 206개국 국가올림픽위원회와 IOC를 비롯한 국제스포츠기구가 모여 협력을 이루어내는 회의이다. 올림픽 이념 확산 등을 위한 국가올림픽위원회 차원의 국제기구로서 올림픽대회 등과 관련하여 NOC들의 입장을 IOC에 건의하기 위해 1979년 창립하였다. 제25회 ANOC 총회는 2020년 11월 25일부터 26일까지 대한민국 서울에서 개최될 예정이었으나, 코로나19의 전 세계적 확산으로 인해 206개국 국가올림픽위원회 대표단이 모이기 어려운 상황에 처함에 따라 2021년으로 1년 연기되었다. 그러나 코로나19 팬데믹 상황이 지속됨에 따라 개최를 취소하였고 제25차 총회는 그리스 크레타섬에서 개최됐다. 대한체육회는 ANOC와 지속적인 협의 끝에 서울특별시와 공동으로 제26차 ANOC 총회를 유치했으며, 2022년 10월 19일부터 20일까지 이틀간 서울 코엑스에서 개최된다. 이로써, 대한민국 서울은 1986년(제5차), 2006년(제15차)에 이어 세 번째로 ANOC 총회를 개최한다.

2. 월드비치게임(World Beach Games)

월드비치게임은 비치 스포츠와 도시 스포츠를 아울러 스포츠와 문화, 엔터테인먼트를 복합적으로 구현한 멀티스포츠 이벤트이다. 2년 주기로 개최하는 월드비치게임은 ANOC가 주관하는 대회이다. 제1회 대회는 2019년 카타르 도하에서 개최되었다. 2021년에 개최될 예정이었던 제2회 월드비치게임은 코로나19 대유행으로 인해 2023년으로 연기되었으며, 인도네시아에서 개최된다.

아시아올림픽평의회(Olympic Council of Asia)

아시아올림픽평의회(OCA)

아시아올림픽평의회는 아시안게임 개최 및 아시아 대륙의 스포츠 발전과 올림픽 대회의 활성화를 위하여 아시아의 모든 스포츠를 관리하는 국제스포츠기구로 1982년에 설립되었다. 스포츠를 통해 국제적 존중, 우정, 친선 및 평화를 증진하고 아시아 청소년의 스포츠, 문화 및 교육을 개발하는 것을 목표로 하며 쿠웨이트에 영구적으로 본부를 두고 있다. 아시아올림픽평의회는 현재 대한민국의 대한체육회를 포함하여 45개의 아시아국가올림픽위원회가 회원으로 구성되어 있다.

〈아시아올림픽평의회 회원국〉

연번	국가명	약자	연번	국가명	약자
1	중국	CHN	24	네팔	NEP
2	북한	DPRK	25	파키스탄	PAK
3	홍콩	HKG	26	스리랑카	SRI
4	일본	JPN	27	아프가니스탄	AFG
5	대한민국	KOR	28	이란	IRI
6	마카오	MAC	29	카자흐스탄	KAZ
7	몽골	MGL	30	키르기스스탄	KGZ
8	대만	TPE	31	타지키스탄	TJK
9	브루나이	BRU	32	투르크메니스탄	TKM
10	미얀마	MYA	33	우즈베키스탄	UZB
11	인도네시아	INA	34	바레인	BRN
12	라오스	LAO	35	이라크	IRQ
13	말레이시아	MAS	36	요르단	JOR
14	필리핀	PHI	37	쿠웨이트	KUW
15	싱가포르	SGP	38	레바논	LIB
16	태국	THA	39	오만	OMA
17	베트남	VIE	40	팔레스타인	PLE
18	캄보디아	CAM	41	카타르	QAT
19	동티모르	TLS	42	사우디아라비아	KSA
20	방글라데시	BAN	43	시리아	SYR
21	부탄	BHU	44	아랍에미리트	UAE
22	인도	IND	45	예멘	YEM
23	몰디브	MDV			

아시아올림픽평의회는 아시아 대륙 전역의 다양한 스포츠 문화와 기후를 반영하기 위해 6가지 주요 스포츠 이벤트를 개최한다.

〈아시아올림픽평의회가 개최하는 대회〉

연번	국문	영문
1	하계아시안게임	Asian Summer Games
2	동계아시안게임	Asian Winter Games
3	실내무도아시안게임	Asian Indoor & Martial Arts Games
4	동·하계청소년아시안게임	Asian Winter/Summer Youth Games
5	아시안비치게임	Asian Beach Games
6	지역별 아시안게임	Asian Regional Games

출처: 아시아올림픽평의회(OCA)

패럴림픽 스포츠기구(Paralympic Sport Organisations)

1. 국제패럴림픽위원회(International Paralympic Committee, IPC)

국제패럴림픽위원회(IPC)는 독일의 본에 본부를 둔 국제 비영리 기구로 1989년 9월 22일에 설립되었으며, 패럴림픽대회를 주관한다. IPC는 장애인 선수들에게 스포츠 경기에 참여할 수 있는 기회를 제공하고, 패럴림픽의 가치인 용기, 결정, 격려와 평등을 증진하는 것을 목적으로 설립되었다.

패럴림픽(Paralympics)은 '하지 마비'를 뜻하는 단어 '패러플레지아(Paraplegia)'의 접두어 'Para'와 '올림픽(Olympics)'의 어미 'lympics'를 조합한 합성어로 1964년 도쿄 패럴림픽대회 당시 주최 측의 해석으로 쓰이기 시작했다. 그 이후, 참가 규모와 종목이 확대되고, 참가 장애의 폭이 넓어짐에 따라 척수 장애 외에 시각, 뇌성마비, 절단 등 전반적인 유형을 포괄하게 되면서 국제조정위원회에서는 'Para'를 '부수적인'의 뜻으로 정의했다. 그러다가 IPC가 창립되면서 원래 어원에서 벗어나 올림픽과 함께 평행(Parallel)하게 치러지는 장애인들의 올림픽이라는 새로운 정의를 도출했다.

현재, 국제패럴림픽위원회는 5개 대륙의 패럴림픽위원회, 총 184개국('22년 8월 기준)으로 구성되어 운영되고 있다.

대륙패럴림픽위원회 명칭

국문	영문	약자
아프리카패럴림픽위원회	African Paralympic Committee	APC
미주패럴림픽위원회	Americas Paralympic Committee	APC
아시아패럴림픽위원회	Asian Paralympic Committee	APC
유럽패럴림픽위원회	European Paralympic Committee	EPC
오세아니아패럴림픽위원회	Oceania Paralympic Committee	OPC

2. 국가패럴림픽위원회 (National Paralympic Committee, NPC)

국가패럴림픽위원회(NPC)는 IPC가 인정한 국가 단체로써 각 국가 또는 영토 내에서 패럴림픽 스포츠 문제를 조정하고 IPC와의 관계 및 의사소통에 대한 책임을 진다. 또한, IPC가 인정한 모든 대회와 패럴림픽대회에 선수들을 참가시킬 수 있다.

국가패럴림픽위원회 명칭

국문	영문	약자
대한장애인체육회	Korea Paralympic Committee	KPC
일본패럴림픽위원회	Japanese Paralympic Committee	JPC
영국패럴림픽협회	British Paralympic Association	BPA
·	·	·
·	·	·
·	·	·

올림픽과 패럴림픽의 관계

IPC와 IOC는 2000년 협약체결을 통해 올림픽 개최지에서 패럴림픽대회도 함께 개최하는 것에 합의하여 올림픽과 패럴림픽은 같은 국가, 지역에서 동반 개최되고 있다. 이 협약은 2018년 IPC와 IOC의 협약 연장 합의에 따라 2032년까지 연장되었다.

패럴림픽대회 외 국제 장애인 스포츠 경기대회

1. 데플림픽대회(Deaflympics)

데플림픽대회는 청각장애인을 위한 올림픽과 같은 국제경기대회로 스포츠를 통한 심신 단련과 세계 농아 간의 유대 강화를 목적으로 하며, 1924년 프랑스 파리에서 처음 개최되었다. 데플림픽(Deaflympics)은 농아인이라는 뜻의 영어 단어 'Deaf'와 'Olympics'의 어미 'Lympics'를 조합한 합성어이다.

2. 스페셜올림픽대회(Special Olympics)

국제스페셜올림픽위원회(SOI)에서 주최하는 스페셜올림픽대회는 지적장애인을 위한 국제대회이며, 2년 주기로 하계와 동계대회로 번갈아 가며 개최된다. 스페셜올림픽대회는 IOC로부터 '올림픽(Olympic)'이라는 단어를 사용할 수 있도록 승인받은 유일한 대회로 연령과 성별을 구분한 후 디비전 경기를 통해 수준별 결승 경기 조를 편성하여 대회가 진행된다.

스페셜올림픽대회는 경쟁보다는 공존의 가치를 우선순위로 두고 1~3위 선수에게는 메달을, 4~8위 선수에게는 리본을, 등외 및 실격을 받은 선수에게는 참가 리본을 수여하고 국가별 순위는 발표하지 않는다.

3. 국제시각장애인경기대회(International Blind Sports Association World Games)

국제시각장애인경기대회는 시각장애를 가진 선수들이 참가하는 국제 멀티스포츠 이벤트로 국제시각장애인경기연맹(IBSA)에 의해서 4년마다 대회가 개최된다. IBSA는 IPC의 회원으로 시각장애인 스포츠를 위한 가장 권위 있는 기구이다.

코로나19와 올림픽 : 플레이북(Playbook)

1. 안전한 올림픽 개최 위한 지침 '플레이북(Playbook)'

사상 최초로 코로나19 시대에 열린 2020 도쿄 하계올림픽대회 및 패럴림픽대회를 성공적이고 안전한 대회로 개최하기 위해 국제올림픽위원회, 국제패럴림픽위원회, 도쿄 2020 조직위원회는 도쿄 올림픽 기간 내에 따라야 하는 행동 지침서인 도쿄 2020 '플레이북(Playbook)'을 발간했다.

플레이북은 도쿄 2020 참가자들이 일본으로 출국 전, 입국 시, 대회 참가 중, 일본에서 본국으로 출국 시에 따라야 하는 코로나19 방역 수칙 및 가이드라인을 명확하게 제시했을 뿐만 아니라 선수 및 임원을 포함한 올림픽을 위해 투입되는 모든 분야의 관계자(마케팅 파트너, 국제경기연맹, 언론, 방송사, 올림픽 및 패럴림픽 패밀리, 현장인력)들을 위한 별도의 플레이북을 제작해 각 분야 모든 관계자들의 혼선을 최소화했다. 또한, 2021년 2월 1차본을 시작으로 총 3회에 걸쳐 미흡한 부분을 보완하여 2021년 6월 최종 3차본을 공개했다.

도쿄 2020 플레이북

출처: 국제올림픽위원회(IOC)

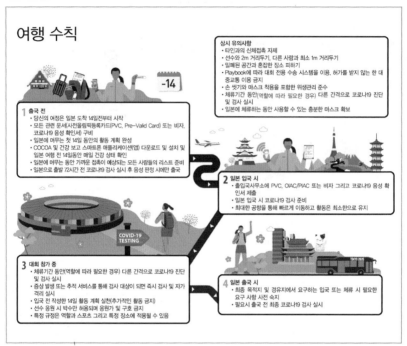

출처: 국제올림픽위원회(IOC)

    도쿄 올림픽 및 패럴림픽의 연기에 따라 6개월 뒤 개막한 2022 베이징 동계올림픽 및 패럴림픽 안전 개최를 위해 국제올림픽위원회, 국제패럴림픽위원회, 베이징 2022 조직위원회 또한 플레이북을 발간했다. 이번에는 점차 심해지는 세계적인 코로나19 상황에 따라, 과거 도쿄 2020 플레이북에서 제시했던 코로나19 방역 수칙 및 가이드라인보다 더 엄격한 2022 베이징 동계올림픽 및 패럴림픽 맞춤형 플레이북을 2가지 종류(선수 및 관계자, 다른 모든 참가자)로 2차례 발간했다.

폐쇄형
고리 시스템

폐쇄형 고리 시스템은 3개의 구역에 적용됩니다: 베이징, 옌칭 및 장자커우

중국입국시

훈련장

경기장

접종 완료
대회 전용 이동수단

올림픽/패럴림픽 선수촌 베이징 2022 조직위원회 계약 호텔

모든 경기 참가자는 대회 전용 이동수단을 이용해 **폐쇄형 고리 내에서 경기장 내부와 사이**를 이동할 수 있습니다.

개회식 및 폐회식

중국출국시

대회 전용 이동수단

접종 미완료
대회 전용 이동수단

대회 전용 이동수단

경기장 외 시설과 기타 허용된 장소

시상식

21일자가격리

출처: 국제올림픽위원회(IOC)

Chapter 2

국제스포츠 관련 기구

　스포츠 발전이라는 궁극적인 목표를 가지고 있는 국제스포츠기구들은 권한에 따라 지역, 국가, 대륙별로 나뉘게 되며 비영리 단체들이 대부분이다. 그림 1의 종합 올림픽 체계에서 볼 수 있듯이, 21세기 초부터 다양한 범주 내에서 국제스포츠기구는 거버넌스 체계가 형성되었고, 스포츠 내 많은 이해관계자의 중요성이 증가하였다. 여기에는 각종 스포츠기구 및 조직뿐만 아니라, 선수, 선수관계자, 장비 공급업체, 각종 대회 조직위원회, 팬, 부모, 미디어 등이 포함되며, 비정부기구 및 여론의 범주 또한 고려되고 있다. 이처럼 다양하고 많은 이해관계자에 의해 형성된 스포츠 거버넌스 체계는 기능적, 재무적으로 연결됨과 동시에 서로 협력하고 의지하는 혼합물의 구조이다. Chapter 2에서는 국제스포츠와 관련된 다양한 기구들에 대해 살펴본다.

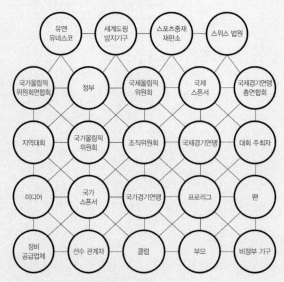

그림 1. 종합 올림픽 체계(Total Olympic System)*

---

* 출처: Chappelet, J. L. (2016).

스포츠 관련 기구(Sport Related Organisations)

1. 국제경기연맹(International Sports Federation, IF)

국제경기연맹(IF)은 국제적 수준에서 하나 또는 다수의 종목을 관할하는 비정부기구이다. 즉, 종목별 세계 최고의 총괄 기구로 국제대회 운영, 경기 규칙 제정 및 개정, 상업적 또는 재정적 수익을 배분하는 역할을 하고 있다. 또한, IF는 올림픽에서 경기 운영을 담당하기 때문에 대회 조직위원회와 함께 각 종목 경기를 성공적으로 진행하기 위해 협력해야 한다. 1894년 6월 23일 IOC가 설립되기 전에 조정, 체조, 아이스 스케이팅 세 개의 IF만이 존재했다.

국제경기연맹의 대표적인 예는 국제축구연맹(International Association Football Federation, FIFA)으로 전 세계 축구 종목을 총괄하는 단체이며, 국제적 축구 규칙을 제정 및 개정하고 FIFA 월드컵을 비롯해서 여러 국제대회를 주관하고 있다.

1. 국제e스포츠연맹(International Esports Federation, IESF)

국제e스포츠연맹(IESF)은 대한민국의 주도로 8개국과 함께 2008년 8월 11일 부산에서 설립한 비영리 국제 e스포츠 단체이다. 한편, 2020년 3월에는 국제e스포츠연맹과 아시아e스포츠연맹(AESF)이 아시아 대륙 전역과 세계적으로 e스포츠를 홍보하기 위해 온라인 업무협약을 맺어 2022 항저우 아시안게임에 e스포츠가 정식 종목으로 채택되었다.

2. 국제축구연맹(International Association Football Federation, FIFA)

국제축구연맹(FIFA)은 전 세계 축구 종목을 총괄하는 단체로 국제적 축구 규칙을 제정 및 개정하고 FIFA 월드컵을 비롯해서 여러 국제 축구 대회를 주관하고 있다.

3. 국제탁구연맹(International Table Tennis Federation, ITTF)

국제탁구연맹(ITTF)은 227개 회원국('22년 8월 기준)을 보유함으로써 국제경기연맹 중 가장 많은 회원국을 보유하고 있으며, 탁구와 관련된 규칙과 규정을 관장하고, 기술적 향상을 위한 역할을 하며, 세계탁구선수권대회를 비롯한 다양한 국제탁구 대회를 개최한다. 더불어, 2021년부터 탁구의 세계적 흥행을 위해 WTT(World Table Tennis)를 창설하여 탁구 저변 확대에 노력하고 있다.

2. 국가연맹(National Federation, NF)

국가연맹(NF)은 국제경기연맹을 구성하며 국가 수준에서 각 종목을 관리한다. 국가는 선수들을 올림픽 등 국제대회에 출전할 수 있도록 준비하고 국가올림픽위원회에 국가대표 선발전 개최 제안을 할 수 있다. 국가연맹이 국가대표 선발전을 개최하기 위해서는 국제경기연맹과 국가올림픽위원회에 소속되어 있어야 하며, 두 단체의 규정을 준수하여 국가대표 선발전을 개최해야 한다.

대한민국의 국가연맹은 대한체육회에서 관할하고 있으며, 62개의 정회원, 8개의 준회원 그리고 12개의 인정단체('22년 8월 기준)로 구분하여 가맹단체로 지정해 종목별 국가연맹을 관할하고 있다.

`Side Note` **국가연맹(NF) 구성**

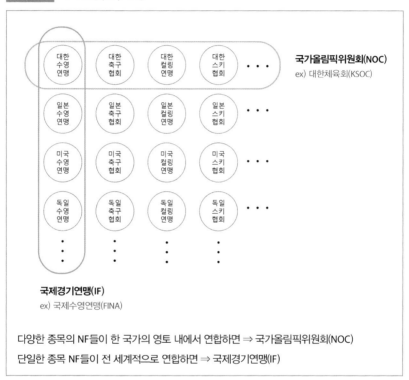

다양한 종목의 NF들이 한 국가의 영토 내에서 연합하면 ⇒ 국가올림픽위원회(NOC)
단일한 종목 NF들이 전 세계적으로 연합하면 ⇒ 국제경기연맹(IF)

3. 국제경기연맹총연합회(Global Association of International Sports Federations, GAISF)

국제경기연맹총연합회(GAISF)는 올림픽 및 비올림픽 종목의 국제경기연맹과 스포츠 관련 국제기구 등을 회원으로 하는 비영리 연합 단체이다. GAISF는 국제경기연맹의 공동 목표와 이익을 대표하는 기구로 IOC와 소통하기 위해 설립되었으며, 올림픽 프로그램에 포함되길 희망하는 국제경기연맹을 지원하는 역할을 맡고 있다.

한편, 국제경기연맹총연합회는 'GAISF(General Association of International Sports Federations)'라는 명칭으로 출범한 뒤, 2009년 'Sport Accord'로 명칭 변경 후 다시 한번 2017년에 'GAISF(Global Association of International Sports Federations)'로 재변경했다.

GAISF의 주요 사업 중 하나는 국제스포츠 관련자들이 모여 네트워크를 구축하고 지식을 공유하며, 아이디어를 발전시킬 수 있는 연례 국제스포츠 회의인 'Sport Accord World Sport and Business Summit'를 개최하는 것이다.

현재, GAISF에 속해 있는 모든 국제경기연맹들은 정회원(97개 단체)과 준회원(24개 단체)을 포함한 총 121개 연맹으로 구성되어 있으며, 정회원은 4개의 세부 연합으로 나누어져 있다.('22년 8월 기준)

국제경기연맹총연합회 산하 단체 명칭

국문	영문	약자
하계올림픽종목협의회	Association of Summer Olympic International Federations	ASOIF
동계올림픽종목협의회	Association of International Olympic Winter Sports Federations	AIOWF
올림픽공인종목협의회	Association of IOC Recognised International Sports Federations	ARISF
독립종목연맹연합	Alliance of Independent Recognised Members of Sport	AIMS
준회원	Associate Members	-

1. 스포츠 어코드(Sport Accord)

스포츠 어코드는 국제 스포츠 연맹 관계자, 운동선수, 산업, 권리 보유자, 조직위원회, 도시, 정부, 기관, 미디어, 기술, 법무팀, 의료 전문가, 기술자 등 글로벌 스포츠 리더들이 참석하여 세미나, 박람회, 미팅 등을 가지고 교류하는 비즈니스 행사로 매년 진행된다.

2. 월드 컴뱃 게임(World Combat Games)

월드 컴뱃 게임은 레슬링, 복싱, 유도, 태권도 등 국제적으로 인정받고 있는 무술 관련 국제스포츠 단체가 참가하는 국제스포츠 행사이다. 제1회 대회는 'Sport Accord'에서 'GAISF'로 명칭을 변경하기 전인 2010년 중국 베이징에서 제1회 Sport Accord World Combat Games가 개최되었고, 2013년 제2회 대회는 러시아 상트페테르부르크에서 개최되었으며, 제3회 대회가 페루 리마에서 개최될 예정이었으나 개최권을 반납하였다.

이후 2019년 대만에서 대회를 개최할 예정이었으나, 이 또한 대회 유치가 취소되어 2013년 이후로 대회가 개최되지 않았다. 2021년 카자흐스탄 누르술탄에서 대회 개최가 확정되면서 GAISF로 명칭이 변경된 후 첫 대회가 2021년 5월 3일부터 9일까지 7일간 개최될 예정이었으나 코로나19 확산으로 인해 2023년 사우디아라비아 리야드에서 개최하기로 변경되었다.

3. 세계 도시 게임(World Urban Games)

세계도시게임(WUG, World Urban Games)은 젊은 정신으로 만든 신세대 스포츠 경기이며 도심 속 젊은 운동선수들의 기술과 스타일, 힘을 보여주는 쇼케이스이다. 세계도시게임은 광범위한 경쟁 프로그램으로 구성되어 있어 청소년 중심의 음악, 예술, 문화의 축제로 여겨진다. 세계도시게임은 국제경기연맹총연합회(GAISF) 주관으로 2년마다 개최되는 대회이다. 2019년 헝가리 부다페스트에서 제1회 대회가 열렸다.

스포츠 전문 기관(Specialised Sport Organisations)

1. 스포츠중재재판소(Court of Arbitration for Sport, CAS)

스포츠중재재판소 개요

공식 명칭	스포츠중재재판소(CAS, Court of Arbitration for Sport)
설립연도	1984년
본부	스위스, 로잔
위원장	존 코츠(John D. Coates)
목적	국제스포츠계 다양한 스포츠 관련 분쟁 처리
주요 사업	• 다양한 스포츠 관련 분쟁 처리(선수 이적 관련 분쟁, 도핑 관련 자격정지, 경기결과 관련 제소 등) • ICAS(국제스포츠중재이사회) 설립 및 관리

　　스포츠중재재판소(CAS)는 스포츠 분쟁 해결 전문기관의 필요성에 따라 선수 이적, 계약, 도핑, 스포츠 등 관련 분쟁을 처리하기 위해 IOC가 설립한 독립적인 기구이다. 스포츠중재재판소는 IOC로부터 독립해 운영 및 재정 관장을 위해 국제스포츠중재이사회(ICAS)를 설립했다. 스포츠중재재판소는

스포츠 관련 분쟁을 중재 또는 조정하는 역할로 스포츠 분야의 분쟁을 시간적 손실과 경제적인 부담이 따르는 법원 등이 아니라 스포츠계 내에서 해결하는 것을 목표로 하고 있다.

2. 세계도핑방지기구(World Anti-Doping Agency, WADA)

세계도핑방지기구 개요

공식 명칭	세계도핑방지기구(WADA, World Anti-Doping Agency)
설립연도	1999년
본부	캐나다, 몬트리올
위원장	비톨드 반카(Witold Banka)
목적	도핑 없는 스포츠를 위한 범세계적 활동의 선도를 목적으로 설립
주요 사업	WADA는 IOC가 공식 인정하는 독립조직으로 전 세계 모든 스포츠 선수들이 도핑 없는 환경에서 경쟁할 수 있도록 도핑방지에 관한 연구 및 교육, 역량개발, 세계도핑방지규정의 준수 감시 등 도핑방지 관련 모든 영역의 활동을 시행

세계도핑방지기구(WADA)는 IOC가 공식 인정하는 독립조직으로 전 세계 모든 스포츠 선수들이 도핑 없는 환경에서 경쟁할 수 있도록 도핑방지에 관한 연구 및 교육, 역량개발, 도핑방지규약의 준수 감시 등 도핑방지 관련 모든 영역의 활동을 시행한다. WADA는 '도핑으로부터 선수를 보호, 공정한 스포츠 환경 조성'이라는 미션 아래 설립된 독립 단체로 캐나다 몬트리올에 있다. WADA는 도핑관리, 교육홍보, 조사 및 국제협력 등 도핑방지 활동을 활발히 전개하고 있다.

또한, 모든 종목과 국가의 도핑방지규정인 세계도핑방지규약(World Anti-Doping Code)을 포함한 국제표준(International Standards) 등 규정을 성실히 이행하고 있는지 모니터링을 진행하기도 한다.

WADA는 예산의 절반을 국제올림픽위원회(IOC)로부터 지원받고, 나머지 절반은 여러 국가 정부로부터 받아 충당하고 있다. WADA의 최종 의사 결정 기구인 이사회(Foundation Board)는 국가 정부 대표와 스포츠 단체 대표로 균등 하게 구성된다.

3. 국제검사기구(International Testing Agency, ITA)

국제검사기구 개요

공식 명칭	국제검사기구(ITA, International Testing Agency)
설립연도	2018년
본부	스위스, 로잔
위원장	발레리 푸네이롱(Valérie Fourneyron)
목적	IOC와 WADA의 공동 출자로 도핑검사를 위한 새로운 기구를 만들어 청렴한 선수들을 보호하려는 목적으로 설립
주요 사업	• 도핑검사 • 주요 국제스포츠이벤트 도핑관리 프로그램 운영 • 스포츠 의과학, 도핑관리 교육, 위기관리 등

국제검사기구(ITA)는 2018년에 설립된 비영리 기관으로 스위스에 있다. 국제검사기구는 IOC로부터 도핑검사에 대한 독립적인 권한을 부여받아 세계도핑방지기구의 세계도핑방지규약(World Anti-Doping Code) 정책 및 서비스를 국제경기연맹과 주요대회 조직위원회 등 스포츠 단체에 제공하는 기관이다.

WADA 국제표준

국제표준(International Standards)

– 도핑방지 프로그램의 특정 기술 및 운영 분야에 책임지는 도핑방지기구 간에 조화를 이루기 위해 개발되었다.

국제표준의 종류

1. 금지목록 국제표준

세계도핑방지기구(WADA)는 선수의 경기력을 향상하는 효력을 가지고 있거나 선수의 건강에 위협이 될 수 있다고 판단되는 약물이나 방법을 선정 · 목록화해서 매년 9월에 발표하고 있다. 이것을 '금지목록 국제표준'이라고 하며, 그 이듬해인 1월 1일부터 효력이 발생하게 된다.

2. 검사 및 조사 국제표준
3. 교육 국제표준
4. 결과관리 국제표준
5. 치료목적사용면책 국제표준
6. 분석기관 국제표준

출처: 한국도핑방지위원회(KADA)

4. 국가도핑방지기구(National Anti-Doping Organisation, NADO)

국가도핑방지기구(NADO)는 국가 차원에서 도핑방지 프로그램 및 규정에 대한 주요 권한과 책임이 있다. 국가도핑방지기구는 도핑방지규정의 채택 및 시행, 교육 프로그램 계획 및 실행, 시료 채취 지휘, 검사 실시 및 결과를 관리하는 등의 역할을 하고 있다.

대한민국 국가도핑방지기구는 한국도핑방지위원회(Korea Anti-Doping Agency, KADA)로 2006년 11월 국민체육진흥법 제35조에 따라 설립되었으며, 대한민국 도핑방지 전담 기구이다.

5. 지역도핑방지기구(Regional Anti-Doping Organisation, RADO)

지역도핑방지기구(RADO)는 도핑방지 프로그램의 영향을 받지 않는 곳을 지역 단위로 구성하여 도핑방지 영향권 안에 넣기 위한 노력으로 보면 된다. WADA는 자원이 부족한 국가에 도핑방지 활동을 위한 자금, 훈련 등을 꾸준히 지원한다. 현재 전 세계 12개 RADO에서 117개 국가를('22년 8월 기준) 담당하고 있다. 한국도핑방지위원회는 아시아 지역도핑방지기구에 속해 있지 않은 독립기구이다.

대학 스포츠기구(University Sport Organisations)

1. 국제대학스포츠연맹(International University Sports Federation, FISU)

국제대학스포츠연맹 개요

공식 명칭	국제대학스포츠연맹(FISU, International University Sports Federation)
설립연도	1949년
본부	스위스, 로잔
위원장	올렉 마티신(Oleg Vasilyevich Matytsin) *2022년 12월 17일(현지 시간)까지 회장직 임시 사임
목적	대학과 스포츠의 조화를 통해 스포츠와 대학의 가치를 서로 증진 및 보완시킬 목적으로 설립

국제대학스포츠연맹(FISU)은 대학과 스포츠의 조화를 통해 스포츠와 대학의 가치를 서로 증진 및 보완 시키는 목적으로 전 세계의 대학스포츠를 총괄하는 국제스포츠기구로 1949년에 설립되었다. FISU는 하계와 동계 세계대학경기대회(前 유니버시아드), 종목별 세계대학선수권대회, 대학월드컵 그리고 대학 e스포츠챌린지를 개최하여 관리 감독하고 하계와 동계 세계대학경

기대회 기간에 맞춰 FISU 컨퍼런스와 FISU 포럼을 개최함으로써 세계대학
스포츠 관계자들과 대학생들이 네트워크를 구축하고 대학 스포츠 발전 방안
을 논의할 수 있는 기회를 마련한다.

국제대학스포츠연맹이 개최하는 대회

대회명	
하계세계대학경기대회	Summer FISU World University Games
동계세계대학경기대회	Winter FISU World University Games
종목별 세계대학선수권대회	FISU World University Championships
대학월드컵	FISU University World Cups
대학e스포츠챌린지	FISU eSports Challenge

2. 국가대학스포츠연맹(National University Sports Federation, NUSF)

국가대학스포츠연맹(NUSF)은 각 국가 대학 스포츠를 대표하는 대학스포
츠기구로 세계대학경기대회를 포함한 FISU가 주최하는 대회에 참가할 대표
단을 선출하고 관리하는 역할을 하고 있다. 대한민국 국가대학스포츠연맹은
대한대학스포츠위원회(Korea University Sports Board, KUSB)로 한국의 대학 스포츠 대
표 기관으로서 FISU 및 아시아대학스포츠연맹(Asian University Sports Federation,
AUSF)에 가맹하고 있다.

한편, 대한대학스포츠위원회(KUSB)와는 별도로 한국대학스포츠협의회
(Korea University Sport Federation, KUSF)라는 기관이 존재하며, 대한민국 대학 스
포츠를 종합적으로 관리 및 감독하는 역할로 대학 스포츠의 건전한 육성과
발전을 도모하기 위한 환경을 조성하고 있다.

스포츠 협력 국제기구
(International Organisations Closely Related to Sport)

1. 유엔(United Nations, UN)

유엔(UN)과 IOC는 스포츠가 개발과 평화를 위한 훌륭한 수단이라는 공통의 믿음을 공유하며 수년간 상호 협력해 왔다. 또한, 2009년 UN 총회에서 IOC는 옵저버 지위를 획득하게 되어 IOC는 UN 총회에 참석하고 스포츠를 홍보하는 활동을 할 수 있게 되었다. 이어, 2014년도에는 양 기관 간의 관계를 강화하고 스포츠를 통해 평화 증진과 경제 협력을 위해 양해각서를 체결했다.

Side Note 유엔과 국가올림픽위원회

모든 유엔(United Nations, UN) 회원국으로부터 승인받은 영토는 아니지만, 국가올림픽위원회(NOC)가 존재하여 올림픽에 참가할 수 있는 나라가 있다. 예를 들면, 코소보올림픽위원회(Kosovo Olympic Committee)는 2014년에 IOC로부터 인정을 받았고, 2016년에 첫 선수 대표단을 파견했으며 유도에서 올림픽 금메달 1개를 땄다. NOC를 보유하는 것은 국제 단계에서 새로운 영토가 독립 국가로서 수용되기 위한 첫 단계로 볼 수 있다.

UN은 2030년까지 시행되는 사람, 지구, 번영을 위한 행동계획인 '2030 지속가능발전 의제 (Agenda 2030)'를 채택했으며, 인류의 보편적인 빈곤, 질병, 여성, 아동, 교육, 난민, 분쟁 및 지구 환경과 기후변화 문제, 경제 관련하여 17개 지속가능발전목표(Sustainable Development Goals, SDGs)와 169개 세부 목표를 제시한다. Agenda 2030 선언문 37에 따르면 스포츠를 지속 가능한 발전 이행에 중요한 요소(Enabler) 중 하나라고 여기며, 스포츠가 관용과 존중을 증진하고 여성 및 청년 개인 공동체의 역량 강화와 함께 건강 교육 및 사회적 포용 관련 목표에 기여하면서 개발과 평화의 실현에 기여하고 있음을 언급한다. IOC도 UN의 Agenda 2030과 유사한 15개의 권고 안으로 구성된 올림픽 어젠다 2020+5(Olympic Agenda 2020+5)를 발표했으며, 그중 [권고안 10. UN 지속 가능한 개발 목표의 중요한 요소로서 스포츠의 역할 강화]에 포함된 10개 SDGs는 다음 과 같음:

SDG 3. 모든 연령층을 위한 건강한 삶 보장과 복지 증진

SDG 4. 모두를 위한 포용적이고 공평한 양질의 교육 보장 및 평생학습 기회 증진

SDG 5. 성 평등 달성과 모든 여성 및 여아의 권익 신장

SDG 8. 포용적이고 지속 가능한 경제성장, 완전하고 생산적인 고용과 모두를 위한 양질의 일자 리 증진

SDG 10. 국가 내부 및 국가 간의 불평등 완화

SDG 11. 포용적이고 안전하며 회복력 있고 지속 가능한 도시와 주거지 조성

SDG 12. 지속 가능한 소비와 생산 양식의 보장

SDG 13. 기후변화 그로 인한 영향에 맞서기 위한 긴급 대응

SDG 16. 지속가능발전을 위한 평화롭고 포용적인 사회 증진, 모두에게 정의를 보장, 모든 수준에 서 효과적이며 책임감 있고 포용적인 제도 구축

SDG 17. 이행수단 강화와 지속가능발전을 위한 글로벌 파트너십의 활성화

출처: 유엔(UN), 국제올림픽위원회(IOC)

2. 세계보건기구(World Health Organisation, WHO)

세계보건기구(WHO)는 보건 · 위생 분야의 가장 높은 기구로 최고 수준의 건강을 보장하기 위하여 설립되었으며, 전 세계 모든 사람들이 가능한 최고의 건강 수준에 도달하는 것을 목적으로 설립되었다. WHO는 10억 명 이상 인구가 보편적인 의료보장을 받고, 건강 비상사태로부터 더 나은 보호를 받으며, 더 나은 건강과 웰빙 생활을 누리는 것을 목표로 한다. 이러한 목표를 달성하기 위해 비전염성 질환, 정신 건강, 기후변화 영향, 항균제 내성 및 전염성 질병 등을 다각적으로 다루고 있다.

WHO와 IOC는 2010년 스포츠를 통해 비전염성 질환을 예방하는 것을 중요한 요소로 인식하여 업무협약을 체결했고 이를 통해 WHO 국가사무소와 국가올림픽위원회 간의 추가적인 협력을 통해 사람들의 건강을 증진할 수 있도록 스포츠에 접근할 수 있는 프로젝트를 제공하기 위해 지속적으로 노력 중이다.

2020년 두 국제기관은 스포츠와 신체 활동을 통해 건강한 사회를 증진시키기 위한 공동의 의지를 보여주기 위해 새롭게 MOU 협약을 갱신했다. 즉, 이번 협약은 WHO의 상위기구인 UN의 지속 가능한 발전목표 중 하나의 목표에 부합된다. IOC의 핵심 파트너로 WHO는 코로나19 팬데믹 확산으로 인한 2020 도쿄하계올림픽대회 및 패럴림픽대회 개최 위험을 평가하는 등 IOC에 기술적인 조언을 해왔다.

Part 2

국제스포츠
실무

국제스포츠 내 실용적인 행정 스킬

　스포츠 행정가는 다양한 국제경기연맹 및 국제기구와 소통함에 따라, 서신, 이메일, 보도자료 등 다양한 형태의 서면 커뮤니케이션을 통해 정보를 공유할 수 있어야 한다. 특히, 디지털 시대의 발전으로 과거에는 주로 서신 또는 전화로 소통했다면, 현재는 이메일, 메신저 등을 통해 시간적 제약을 받지 않고 실시간으로 소통하는 방법으로 국제스포츠 업무는 자리 잡고 있다.

　더불어, 국제스포츠계에 종사하게 되면 국내·외 총회 및 회의에 참여하는 등의 실질적인 업무를 하게 된다. 나아가 총회, 컨퍼런스, 회의 등을 개최 및 준비해야 하는 경우가 발생한다. 교육이나 정보 전달을 주목적으로 하는 행사의 경우 특히 프레젠테이션을 통해 효율적이고 설득력 있게 정보 제공을 해야 한다. Chapter 3에서는 단순히 발표를 위한 기술적인 프레젠테이션 능력에서 벗어나 경쟁력 있는 전달을 위해 요구되는 역량을 향상시킬 수 있는 프레젠테이션을 설계하는 방법을 전달하고자 한다.

　특히, 서신, 프레젠테이션 자료, 보도자료 배포 등과 같은 서면 행정 업무 시 스타일 형식을 맞추고 스포츠 용어를 통일함으로써 전문적인 실무자로 나아갈 수 있다.

　마지막으로, 세계적인 코로나19 대유행도 국제스포츠계의 많은 변화를 이끌었다. 언택트 시대가 되면서 재택근무 또는 원격근무가 늘어났고 대면 회의 또는 대면 소통보다는 화상 회의 및 온라인 소통이 늘어나는 추세이기 때문에 국제스포츠 분야에 종사한다면 포스트 코로나19 시대에 맞춰서 커뮤니케이션 스킬을 습득하고 지속적으로 개발해야 한다.

서신 작성법(Letter)

국제스포츠 실무에 종사하는 사람들에게 영문 서신 작성 및 활용은 핵심적인 업무로 국제적 스포츠 감각이 포함된 서신 작성 능력은 필수적이다. 서신은 발신자의 회사 또는 넓은 범위에서는 국가의 이미지를 전달할 수 있으므로 상당한 주의를 기울여 작성해야 한다. 또한, 영문 서신을 보내는 국가가 영어를 모국어로 사용하지 않을 수 있으므로 내용을 정확하고 간결하며 격식에 맞게 작성해야 한다.

서신 작성 주요 구성 요소

필수적 구성 요소	부수적 구성 요소
1. 서두(Letterhead)	1. 참조번호(Reference number)
2. 발신일(Date)	2. 참조인(Particular address or attention)
3. 수신자 주소(Inside address)	3. 제목(Subject line)
4. 인사말(Salutation)	4. 발신 담당자 표시(Identification marks)
5. 본문(Body)	5. 우편 방법 지정(Mailing direction)
6. 맺음말(Complimentary closing)	6. 첨부 표시(Enclosure notation)
7. 서명(Signature)	7. 사본 송부 표시(Carbon copy notation)
	8. 추신(Postscripts)

1. 서두(Letterhead)

- 발신자에 대한 정보로 기관 또는 발신인 성명, 주소, 전화번호 등 수신자가 쉽게 연락을 취할 수 있도록 작성한다.
- 주소는 대부분 집 호수, 도로명, 도시, 국가, 우편번호, 전화번호, 이메일 순서의 형식을 따른다.

2. 발신일(Date)

- 서신을 작성한 날짜를 쓰는 부분으로써 추후 서한에 대해 언급하거나 회신할 경우, 쉽게 해당 서신을 참고할 수 있다. 약어를 사용하지 않고 풀어서 서두 아래 우측에 작성한다.

Side Note

영국식과 미국식 날짜 표기 순서에 차이가 있다. 따라서, 영국식(미국식)으로 시작하면 일괄되게 영국식(미국식)으로 표기해야 한다. 또한, 월 표기 시 약어(Jan., Feb.,) 또는 숫자(1, 2,) 등을 작성하지 않는다.

☞ 예시

영국식 표기: 일(Date)-월(Month)-년도(Year) → 25 July 2022
미국식 표기: 월(Month)-일(Date)-년도(Year) → July 25, 2022

3. 수신자 주소(Inside Address)

- 날짜 아래 좌측에 수신자 성명, 직책 또는 부서, 기관명, 주소 등을 표기한다.

비즈니스 서신을 작성할 때 발신자 및 수신자 주소를 배치하는 방법은 다양하다. 예를 들어, 국제올림픽위원회(IOC) 같은 경우에는 수신자 주소를 서신 상단 우측에 배치하고 발신자 주소를 서신 하단 좌측에 바닥글로 작게 기입한다.

4. 인사말(Salutation)

* 서신 첫 시작은 인사말로 시작되며, 전형적으로 수신자를 명확히 알고 있으면 **Dear** + 경칭(Title) + 성명 앞에 넣어 인사말을 작성한다.
* 인사말 성명 뒤에 영국식 영어에서는 쉼표(,)를 쓰며, 미국식 영어에서는 콜론(:)을 적으나, 이는 생략 가능하다.

☞ 예시

영국식: **Dear Mr Han,**

미국식: **Dear Mr Han:**

*많이 사용되는 경칭 예시

연번	표현	성별	의미
1	Mr.	남	미혼·기혼 구분 없이 남성에게 사용하는 단어로 '님, 군, 씨'와 같은 의미
2	Mrs.	여	기혼 여성을 부르는 단어로 '부인, 사모님, 씨'와 같은 의미
3	Miss	여	미혼 여성을 부르는 단어로 '아가씨, 양'과 같은 의미
4	Ms.	여	미혼·기혼 구분 없이 여성에게 사용하는 단어로 혼인 여부를 모를 때 혹은 일반적인 상황에서 사용하는 단어로 '부인, 씨'와 같은 의미
5	Dr.	남/여	의사 또는 박사 학위를 받은 사람을 지칭할 경우 사용
6	Professor	남/여	교수님을 지칭할 경우 사용
7	Sir	남	성명을 모르는 경우 남성을 지칭하는 단어로 '님, 씨, 선생님'과 같은 의미
8	Ma'am/madam	여	성명을 모르는 경우 여성을 지칭하는 단어로 '님, 부인, 여사'와 같은 의미

*경칭 약어와 원말

AC	Companion of the Order of Australia
AM	Member of the Order of Australia
Amir (Emir)	Lord or Commander in Chief; similar to Duke(noble and military title); can also mean prince
AO	Officer of the Order of Australia
Baron	Title of nobility in rank higher than a lord or knight but lower than a viscount or count
Dr	Doctor
Duke	Nobility title; Ranking below the monarch
GBE	Order of the British Empire; Knight/Dame Grand Cross of the Most Excellent Order of the British Empire
General	Military title
HE	His Excellency
HH	His Highness/Her Highness
HM	His Majesty/Her Majesty
HRH	His Royal Highness/Her Royal Highness
HRM	His Royal Majesty/Her Royal Majesty
HSH	His Serene Highness/Her Serene Highness
Intendant General	Military title
Kt	Knight Bachelor
Lord	British noble title; of the rank of a marquess, earl or viscount
MBE	Member of the Order of the British Empire
Miss	Title of respect for unmarried woman
Mr	Mister; title of respect for a man
Mrs	Title of respect for a married or widowed woman
Ms	Title of respect for a woman that does not indicate marital status
OLY	Olympian
PM	Prime Minister
Prof	Professor
Q.C.	Queen's Counsel

	Royal title used for Indian monarchs; equivalent to king
	Arabic title of respect; venerable man of more than 50 years of age; chief of a tribe or royal family member
	Awarded knighthood/damehood by the Queen of England or a member of the royal family acting on her behalf
	Lord or master; direct descendants of the Islamic Prophet Muhammad

출처: 외교통상부

5. 제목(Subject Line)

- 이메일에서 필수적으로 제목을 작성하듯이 서신 내용을 한 줄로 축약하여 작성하면 수신자가 서신 내용을 파악하는 데 도움이 된다. 단, 필수적으로 포함할 필요는 없다.

6. 본문(Body)

- 서신의 목적에 맞추어 담고자 하는 내용을 문단(Paragraph)에 나누어 간략하고 이해하기 쉽게 쓴다.
- 요청 사항이 있을 경우 정중히 부탁하되 실례되는 내용 및 부탁은 제외한다.

Side Note

본문 작성 시 5가지 원칙을 따른다.

1) 명료성(Clear)	2) 간결성(Concise)	3) 완전성(Complete)
4) 공손함(Courteous)	5) 정확성(Correct)	

7. 맺음말(Complimentary Closing)

- 수신자에게 적절한 맺음글 인사로 서신을 마무리한다.
- 맺음말은 서신 초반에 작성한 인사말과 서신을 발송하는 국가가 사용하는 영어 종류에 따라 구분이 되는 편이며, 자주 사용하는 표현은 다음과 같다.

연번	인사말	영국식 맺음말	미국식 맺음말
1	Dear Sir, Madam	Yours faithfully	Sincerely yours
2	Dear Mr, Mrs, Miss, Ms, Dr, Professor, Sir, Ma'am/madam	Yours sincerely	Yours sincerely Sincerely yours Sincerely
3	Dear James(성명)	Best wishes Regards Kind regards All the best	Best wishes Regards Yours truly
4	Hi James(성명)	Thanks Cheers Many thanks	Thanks Many thanks

※ 첫 글자는 대문자로 쓰고 끝에 쉼표로 맺는다.

8. 서명(Signature)

- 온라인 및 오프라인으로 보내는 서신 모두 친필로 서명한다.
- 서명 아래 발신인 성명을 표기하며, 필요하다면 바로 밑에 직위를 기입하기도 한다.

9. 첨부 표시(Enclosure Notation)

- 서신과 함께 첨부하는 서류가 있을 경우, 서명 아래 한 개의 첨부파일이면 'Enclosure', 두 개 이상이면 'Enclosures'라고 표기하고 첨부한 서류가 무엇인지 적는다. 약자로 'Encl./Enc.'를 사용하기도 한다.
- 첨부하는 서류는 서신 본문에서 언급되는 경우도 있지만 별도로 첨부 서류를 표기함에 따라 봉투 속에 어떤 자료가 서신과 함께 송부됨을 쉽게 알릴 수 있다.

10. 사본 송부 표시(Carbon Copy Notation)

- 서신의 복사본을 수신자 이외의 사람에게 송부하는 경우에 첨부 표시 다음 행에 C.C 또는 Copy to라고 표기하고 수신자의 직책 및 성명을 표기한다.

	미국식 스타일	영국식 스타일
서두 (Letterhead)	형식에 따라 다르지만, 대개 페이지 상단에 좌측 정렬을 따른다	형식에 따라 다르지만, 대개 페이지 상단에 우측 또는 중앙 정렬을 따른다
발신일 (Date)	July 25, 2022	25 July 2022
인사말 (Salutation)	인사말 뒤에 콜론(:) Dear Mr Lee:	인사말 뒤에 쉼표(,) Dear Mr Lee,
맺음말 (Complimentary closing)	Yours sincerely	Sincerely yours Sincerely

출처: UK and US business letters: differences and types.

일반적인 비즈니스 서신

서두 (Letterhead)
(Number, street, town, country, postal code, telephone, email/web page)

발신일 (Date)
(DDMMYYYY or YYYYMMDD)

수신자 (Inside Address)
(Recipient's name, position or department, name of organisation, address)

인사말 (Salutation)

제목 (Subject Line)

본문 (Main Body)

맺음말 (Complimentary Closing)

서명 (Signature)

성명 (Full Name)
(Position, department)

(수신자 – 초청 대상)
Ms Jennifer Kim (성명)
President (직책)
BIC (기관)

27 July 2022 (작성일)

Invitation to the 2022 International Sports Organisation Conference (제목)

Dear Ms Jennifer Kim, (수신자 – 초청 대상),

I hope this letter finds you well in good health and spirit.

(초청 내용)

On behalf of the International Sports Organisation (초청 기관), it is my great pleasure and honour to invite you to the '2022 International Sports Organisation Conference' (초청 행사명), which will be held on the 1st of November 2022 in Seoul, Korea (행사 날짜 및 장소).

(초청 기관 관련 간략한 설명)

The International Sports Organisation was established to develop international relations in the field of sports through building networks, acquiring knowledge and information, and education. International Sports Organisation aims to become a leader in the areas of international relations and sports diplomacy and is working to promote Korea's competitiveness in the international sport society.

(초청 행사 관련 간략한 설명)

Furthermore, International Sports Organisation holds an annual conference to provide a platform for sharing knowledge and information among experts and authorities related to international sports. Especially for this year's conference, we aim to focus on providing information for our younger generation where they can have valuable time through experiencing panel discussions from the experts.

(초청 사유)

For this meaningful conference, we would be honoured if <u>you could be part of our conference and present on Session 1: 'With COVID—19', Future of International Sport</u> (초청 사유 – 축사, 행사 참석, 발표 등). <u>As the President of the BIC, sharing your experience and providing your insightful opinions would be valuable to our younger generation who wish to follow your path</u> (초청하고 싶은 이유).

(담당자 및 RSVP 정보)

Once again, it would be our honour to have you, and we look forward to your favourable considerations. For RSVP and any other inquiries, please contact our staff in charge <u>James Lee</u> (james.lee@nmail.com) (행사 담당자 연락처).

Sincerely yours,

Jessica Lee

<u>Jessica Lee</u> (초청 기관장 성명 및 직책)
<u>President of International Sports Organisation</u>

기관 로고

(수신자 – 축하 대상)
Mr Jake Homes (성명)
President (직책)
BIC (기관)

27 July 2022 (작성일)

Letter of congratulations (제목)

Dear Mr President Jake Homes, (수신자 – 축하 대상),

I hope this letter finds you well in good health and spirit.

First and foremost, I would like to express my sincerest congratulations on your successful appointment as the President of BIC (축하 사유 – 임명된 직책). Everything you have done and accomplished has led to this point and you truly deserve it. I am certain that with your leadership and warm heart, you will guide BIC to further development and make a tremendous contribution to the promotion of the Olympic Value.

Once again, congratulations and wish you a new journey of success and happiness in the new page of your life. Look forward to meeting you in the near future.

Sincerely yours,

Jessica Lee

Jessica Lee (발신자 성명 및 직책)
President of International Sports Organisation

초청된 행사 참석하지 못하는 경우 서신 (거절법) 예시

기관 로고

(수신자)
Jessica Lee (성명)
President (직책)
International Sports Organisation (기관)

27 July 2022 (작성일)

RE : Invitation to the 2022 International Sports Organisation Conference (제목)

Dear Mrs Jessica Lee, (수신자),

I hope this letter finds you well in good health and spirit.

First and foremost, I would like to thank you for your kind invitation to attend the 2022 International Sports Organisation Conference (초청 행사명).

It would have been a great honor and pleasure for me to join you on this important occasion, but I regret to inform you that I will not be able to attend the event due to my meeting with participants of table tennis competition in Singapore (행사 참석 불가한 사유).

Thank you once more for honoring me with your invitation.

Wishing you and the International Sports Organisation (행사 개최 기관) every success with hosting the conference.

Yours sincerely,

Jennifer Kim

Jennifer Kim (발신자 성명 및 직책)
President of BIC

이메일 작성법(Email)

공식적인 이메일은 보통 서신과 매우 유사한 형식을 따른다. 이메일과 서신 작성법의 주요 차이점은 발신인 성명, 주소 등 발신인 정보가 이메일은 하단에 배치된다는 것이다. 더불어, 발신일 및 수신인의 주소가 요구되지 않는 것이 서신 작성법과 다른 점이다. 인터넷 환경의 보편화로 국제스포츠와 관련된 거의 모든 업무가 이메일로 진행되는 경우가 대부분이며, 서신을 첨부파일로 회신하는 경우가 상당하다. 이러한 경우, 이메일의 본문은 짧고 간결하게 서신이 첨부되었다는 내용으로 작성해야 한다.

1. 이메일 작성할 때 활용 가능한 용어

○ 이메일 수신 확인했을 경우(서두)

- Thank you for your email dated 25 August.
  8월 25일 보내주신 이메일 감사합니다.

- First of all, thank you for your email.

  우선 이메일 주셔서 감사합니다.

- Thank you for your prompt reply.

  신속한 답변 감사합니다.

○ 인사말

- I hope this email/message finds you well.

  이메일/메시지가 잘 전달되길 바랍니다.

○ 보내준 첨부파일 확인했을 경우

- I hereby confirm the receipt of the letter.

  서신을 수신하였음을 확인 드립니다.

○ 질문 또는 요청 사항을 전달할 경우

- Could you please send me the accreditation card for the upcoming World Championship?

  다가오는 세계선수권대회 AD 카드 보내주실 수 있으신가요?

○ 첨부파일 확인 요청할 경우

- Please find/see the attached report/letter/document.

  첨부된 보고서/서신/문서 확인 부탁드립니다.

○ 부탁/요청 거절하는 경우

- We are sorry to inform you that Mr Kim would not be able to visit South Korea.

  유감스럽게도 미스터 킴이 한국을 방문하기가 어려울 것 같습니다.

- I regret to inform you that I will not be able to take part in the meeting today.

  죄송하지만 저는 오늘 회의 참석이 불가할 것 같습니다.

○ 휴가 또는 잠시 자리를 비울 경우

- I will be on vacation from 28 June to 3 July.

  6월 28일부터 7월 3일까지 휴가를 떠납니다.

- I will be out of the office from 28 June to 3 July.

  6월 28일부터 7월 3일까지 자리를 비웁니다.

Side Note

휴가를 가거나 자리를 비울 경우 이메일 자동 답신을 걸어 놓는 것을 권장한다. 이메일 자동 답신에는 자리를 비우는 날짜, 급한 용무일 경우 연락할 수 있는 비상 연락처 또는 대신 업무를 맡아줄 직원의 연락처를 포함시키는 것이 좋다.

☞ 예시

Thank you for your message. Please note that I am out of the office on leave until 7 January. If you have urgent inquiries. please contact my colleagues Jessica Lee jessica.lee@abc. org or James Cass james.cass@abc.org. Otherwise. I will reply to your email as soon as possible upon my return.

○ 끝인사 표현(맺음말)

- I/We look forward to hearing from you.

  연락을 기다리겠습니다.

- Please do not hesitate to contact me if you have any questions.

  문의 사항이 있으시면 언제든지 연락 주시기 바랍니다.

- If you need any further assistance/information, please do not hesitate

  to contact me/us.

  더 자세한 도움/정보가 필요하시면 언제든 연락 주시기 바랍니다.

인사말 (Salutation)

본문 (Main Body)

맺음말 (Complimentary Closing)

서명 (Signature)

발신자 주소 (Sender's Address)
(Position, number, street, town, country,
postal code, telephone, email)

첨부파일 (Enclosures)

수신자: jennifer.kim@bic.org
발신자: jessica.lee@iso.com
제 목: Invitation to 2022 ISO International Sport Career Conference

Dear Ms Jennifer Kim,

I hope this email finds you well.

I would like to cordially invite you to the 2022 ISO International Sport Career Conference (초청 행사명), which will be held on the 1st of November 2022 in Seoul, Korea (행사 일정 및 장소).

Please find the attached letter regarding the invitation to the 2022 ISO International Sport Career Conference and the concept note (첨부할 회의 초청장 및 관련 행사 관련 안내물).

Should you need any further information please do not hesitate to contact me.

We look forward to your presence on the event.

Thank you.

Best regards,
Jessica Lee
President of International Sports Organisation

▤ ISO International Sport Career Conference Schedule_2022.pdf

수신자: jennifer.kim@bic.org
발신자: jessica.lee@iso.com
제 목: Request for meeting

Dear Ms Jennifer Kim,

I hope this email finds you well.

With the approach of the 2022 ISO Conference I would like to meet with you and discuss about the event (회의 진행 목적). If your schedule allows you, please kindly suggest your preferred date, time and place for our meeting. The date can be any day between 5th and 19th February (회의 가능 일정). I will then happily arrange my schedule accordingly.

I would greatly appreciate your reply at a time of your convenience.

Thank you.

Best wishes,
Jessica Lee
President of International Sports Organisation

보도자료 작성법(Press Release)

보도자료(Press Release)는 행정 기관 및 기업 등에서 공식적인 입장 혹은 상세한 정보를 언론에 제공하기 위한 문서로, 간략하지만 상세한 정보로 특정 상황이나 사건에 대해 알리는 역할을 한다. 다시 말해서, 보도자료는 새로운 소식이 있을 때 이를 세상에 알릴 수 있는 가장 중요한 수단이다.

국제스포츠기구들은 보도자료를 통해 공식적인 발표 혹은 갈등에 대해 해명을 하기도 한다. 보도자료를 기반으로 기자들은 그대로 기사로 작성하는가 하면, 참고 자료를 인용하여 새로운 기사를 작성하기도 한다.

보도자료 배포 시 가장 중요한 요소는 시간이다. 공식적인 결정이 내려진 경우, 공식 발표는 보도자료를 통해 정확하고 신속하게 공개되어야 한다. 다만, 때로는 보도 희망 시간을 정해 보도자료를 배포하기도 하는데, 이러한 경우에는 보도자료 양식에 엠바고(Embargo)*라고 기입한다.

보도자료에 잘못된 정보를 공개하는 것은 기업에 대한 불신을 갖게 하는 위기로 작용할 수 있으며, 보도자료를 작성할 경우 자료에 포함되어 있는 모든 정보가 정확하고 사실임을 확인해야 한다. 국내적 또는 국제적으로 공개되는 만큼 보도자료는 철저히 검토해야 한다. 즉, 내부 상급자 혹은 전문가에게 검토받고 보완 과정을 거치는 것이 매우 중요하다.

1) 표제(Headline): 보도자료의 제목으로 보통 한 문장으로 요약한다. 경우에 따라서 부제목을 둘 수도 있다. 독자들에게 관심과 흥미를 집중시킬 수 있도록 작성한다.
2) 날짜(Date): 발표 날짜를 정확히 명시해야 한다.
3) 요약(General Summary): 독자가 핵심 내용을 가급적 빨리 파악할 수 있도록 짧고 간결하게 작성한다.
4) 사진(Picture): 기사와 관련된 사진 혹은 보도자료용 기관의 이미지를 활용하며, 사진의 출처를 남긴다.
5) 본문(Content, Background, Current Situation): 본문은 언론이 어떤 부분을 인용할 것인지 생각해보면서 핵심 주제를 육하원칙에 따라 작성한다. 모든 정보가 정확하고 사실임을 확인해야 한다.
6) 연락처(Contact Information): 기자가 문의할 수 있도록 회사의 연락처, 성명, 소속, 이메일, 전화번호, 웹사이트 등 연락처를 남긴다.

---

* 엠바고(Embargo): 일정 시점까지 어떤 기사에 대하여 한시적으로 보도를 금지하는 것

표제 (Headline)

날짜 (Date)

요약 (General Summary)

사진 (Picture)

본문 (Content, Background, Current Situation)

연락처 (Contact Information)

Seung Min Ryu appointed to IOC's Olympic Programme Commission

23 October 2021

The ITTF Executive Committee member joins the commission working on the programme of sports for both the Games of the Olympiad and Olympic Winter Games.

ITTF Executive Committee member Seung Min Ryu has been appointed to the IOC's Olympic Programme Commission.

"It is my great honour to be joining this inspirational commission and I will do my best to strengthen the athletes' voice in the important work of the Olympic Programme Commission," said Ryu.

The Olympic programme is the fundamental core of the Olympic Games as decisions regarding the programme have an impact on virtually all other areas of the Olympic Games and Olympic Movement.

출처: 국제탁구연맹(ITTF)

프레젠테이션 준비 및 진행 방법(Presentation)

스포츠 행정가는 다양한 컨퍼런스, 회의 등 다양한 방법으로 프레젠테이션을 하게 되는 경우가 많다. 즉, 프레젠테이션을 준비하고 전달하는 것은 의사소통 능력의 일부로 간주되며, 간단하고 명료하게 많은 대중 앞에서 자유롭게 이야기할 수 있는 언어 능력과 자신감이 요구된다. 또한, 스포츠 행정가는 다양한 사람들과의 팀워크 및 커뮤니케이션을 요하는 직업으로 자신의 입장을 분명하게 표현할 수 있어야 한다.

1. 준비과정(Preparation)

- 발표 시간, 발표 상황 및 장소 관련 정보를 수집한다.
- 청중을 파악하고 분석한다.
  - 청중은 누구인가? 직책, 나이, 직위, 성별 등 파악한다.
  - 청중의 배경은? 청중의 지식에 따라 설명이 필요하거나 필요하지 않은 용어가 있을 수 있다.

- 프레젠테이션에서 무엇을 기대하는가?

- 프레젠테이션의 목적/목표를 구체화한다. 왜 프레젠테이션을 하는가? 청중이 프레젠테이션에서 듣고자 하는 내용은 무엇인가? 등을 파악해야 한다.

- 서론(Introduction) - 본문(Body) - 결론(Conclusion) 형식을 따라 프레젠테이션을 계획한다.

- 슬라이드의 텍스트는 최대한 간결하고 명료하게 구성한다. 또한, 글씨체나 크기, 색깔 등을 고려한다.

- 눈에 띄지만 눈이 편하고 읽기 쉬운 프레젠테이션 템플릿을 활용한다.

- 가능한 한 많은 시각 자료를 활용한다.

- 자료를 인용하거나 시각 자료를 활용할 경우 출처를 표기한다.

- 발표하기 전에 장소, 상황, 도구, 조명, 어조 등을 고려하여 실전 연습을 한다. 영어 속담 Practice makes perfect(연습이 완벽을 만든다)를 잊으면 안 된다.

- 프레젠테이션을 준비하며, 대본을 준비하는데 사람들은 암기하여 발표하는 사람들도 있고 키워드를 대본에 작성하여 발표하기도 한다. 때로는 전체적인 내용을 대본에 담아 보면서 발표하는 경우도 있다. 전문가들은 발표의 시작과 끝을 기억하고 일부 중요한 내용 또는 잊힐 수 있는 내용을 메모하고 공식 문서 또는 인용구 내용만 대본으로 정리하는 것을 추천한다.

- 최대한 모든 질문을 예상해보고 가능한 답변을 사전에 준비한다. 정확한 답을 모를 경우, 허위 정보를 제공하면 안 된다.

- 행사 및 프레젠테이션 내용과 상황에 맞는 의상과 헤어스타일을 준수하고 밝은 색은 최대한 삼간다. 청중에게 호감 있는 첫인상을 남길 수 있는 복장으로 스타일링한다.

2. 프레젠테이션의 구성

○ 서론(Introduction)

- 인사(필요에 따라 사회자에게 감사를 표한다) 및 자기소개를 한다.
- 청중을 환영하고 참석해준 것에 대한 감사함을 표한다.
- 프레젠테이션의 주제 및 목적을 언급한다.
- 프레젠테이션의 전체적인 분량 및 내용을 청중이 이해할 수 있도록 소요시간과 발표 내용 및 순서 등을 포함한 개요를 설명한다.

예시

International Sport Organisation

Name
Position
Affiliation

대본 예시

Hello, good afternoon.

My name is Soojin Song from the International Sport Organisation. Today I will be presenting an overview about our company.

Contents

1 Who we are

2 Strategic pillars

3 What we do

대본 예시

The presentation will last for 10 minutes and I will explain about ISO, its strategic pillars and what ISO does.

Side Note

질의 · 응답 방법을 사전에 언급하면 청취자가 발표를 듣다가 궁금하면 바로 질문을 하거나 또는 기다렸다 마지막에 질문할 수 있는 효율적인 발표가 될 것이다.

○ 본론(Body)

- 전하고 싶은 내용을 순서에 따라 논리적으로 설명한다.
- 구체적인 배경, 데이터, 수치 등을 근거로 제시한다.
- 또한, 구체적인 사례를 언급하며 청중의 흥미를 유발한다.
- 사진 및 데이터 표 등 다양한 시각적 자료를 활용한다.

Who we are

The International Sport Organisation (ISO), established in 2012, is a non-profit organization under the Sports Ministry that strives to develop and advance sport in Seoul.

To promote sport cooperation between countries and create, spread and practice the knowledge of international sport cooperation.

Mission

To become a global hub of networks and knowledge for international sport cooperation.

Vision

대본 예시

The International Sport Organisation, or ISO, was established in January 2012 as a unique Organisation in Korea that specializes in international sport. ISO strives to develop and advance sport in Korea. ISO believes that sport has the power to inspire and bring people together to work for a better world.

So, what does ISO do? Currently, ISO has three main business areas. I will describe each of them briefly.

Side Note 프레젠테이션 진행 시 고려사항(Delivery)

- 손을 전혀 활용하지 않고 프레젠테이션을 할 경우 설득력이 떨어질 수 있으므로 프레젠테이션을 할 때 중요하게 신경 써야 할 부분 중 하나는 바로 바디랭귀지(Body Language) 및 제스처(Gesture)이다. 다만, 국제적인 연설을 할 경우 문화 및 종교에 따라 다양하게 해석될 수 있으므로 사전에 해당 국가 및 종교에 대해 공부해야 한다.
- 항상 청중과 눈을 맞춘다.
- 청중과 소통하고 자연스럽게 이야기하는 형식으로 발표하여 청중을 몰입시킨다.
- 서론에서 발표 주제 및 목적/목표를 명확히 제시한다.
- 예시를 통해 프레젠테이션의 주요 내용을 설명한다.
- 결론 부분에서는 프레젠테이션의 주요 내용을 다시 한번 요약한다. 무엇보다도 서론 부분의 목적 및 목표와 일맥상통하도록 한다.

What we do

International Sport Conference

Hosting a conference with diverse guests and officials from international sports organisations to share their expertise and views on relevant issues in sport while providing a place for networking with domestic and international sport officials

대본 예시

Firstly, ISO holds an annual International Sport Conference tackling one main issue relevant to the year it is being held. Opening discussions on relevant topics is beneficial for all participants. Also, the conference allows for a great networking opportunity with national and international sport professionals. Take a look at the pictures of the 2022 International Sport Conference. Two special speakers were invited this year.

Side Note 온라인 프레젠테이션 고려사항(Online Presentation Considerations)

- Zoom, BlueJeans, Google Meets, Skype 등 온라인으로 프레젠테이션을 진행할 경우 플랫폼 사용법에 대해 친숙해진다.
- 안정적인 네트워크 연결이 되는지 확인한다.
- 가능한 경우, 다른 사람과 프레젠테이션 전에 카메라 및 마이크가 작동되는지 확인한다.
- 집중을 방해할 수 있는 배경은 최대한 피하고 깔끔하고 정돈된 느낌을 주는 배경 이미지 설정 및 블러링 효과(Blurring Effect)를 사용한다.
- 방해될 수 있는 환경 및 소음은 피해서 프레젠테이션을 진행한다.
- 화면 공유를 발표 시 진행해야 하는 경우, 사전에 호스트에게 액세스 권한을 요청한다.
- 개인정보를 노출할 수 있는 개인 계정은 로그아웃하고 프레젠테이션과 관련 없는 창은 모두 닫는다.

What we do

International Sport Network

Supporting domestic leaders in international sport and establishing cooperation systems in order to empower Korean sport leaders and provide platforms on international sport networks

Youth Sport Camp

Providing Olympic Value education and more sporting opportunities to Korean youth through educational programmes based on social integration, youth development, education, health, gender equality and peace through sport

---

대본 예시

Secondly, ISO continuously works to create an international sport network to establish a cooperation system to empower Korean sport leaders and provide them with platforms to reach international levels.

Last but not least, ISO proudly hosts a Youth Sport Camp to engage young Korean sport leaders with Olympic educational programmes that will help them solidify their skills and learn values through sport.

○ 결론(Conclusion)

- 전체적인 프레젠테이션 내용을 요약한다.
- 중요한 부분은 다시 한번 언급한다.
- 결론을 명확하게 전달한다.
- 질문을 받는다.
- 프레젠테이션을 마무리하는 감사 인사를 전한다.

Thank you!

Q&A

For more information:
admin@iso.org

대본 예시

That brings me to the end of my presentation on introducing International Sport Organisation. Thank you for your time, and I hope you enjoyed my presentation. We will start the Q&A section now.

If you have other queries, you can find our contract information on the slide. Feel free to reach out if you need anything.

3. 질의응답 세션에서 질문하기(Q&A Section – Asking a Question)

- 질의응답 세션 때 질문할 수 있도록 질문을 메모해 둔다.
- 질의응답 세션 절차(예를 들어, 질문할 청중, 질문 제출 방법 등의)에 대해 사전에 파악한다.
- 질문을 할 때 발표자에게 감사함을 표하고 질문을 한다. 예를 들어, 다음과 같다.

☞ 예시

First, I would like to thank you for such an insightful presentation. I have a question regarding (질문).

- 만약에 발표자가 질문을 이해하지 못할 경우 다른 말로 바꾸어 (Paraphrase) 다시 질문한다.
- 후속 질문이 가능한지 확인한 후 질문을 진행한다.
- 답변에 대해 감사함을 표한다.

스타일 가이드(Style Guide)

국제스포츠 관련 분야에서 종사하다 보면 다양한 국제스포츠기구와 국제스포츠 관계자와 소통하는 경험이 많을 것이다. 특히, 서신, 이메일, 언론 보도, 프레젠테이션 등 서면으로 소통하는 경우가 많다. 이러한 서면 행정 업무를 할 때는 아래에 언급된 스타일 팁과 스포츠 용어를 통일함으로써 프로페셔널한 실무자로 나아갈 수 있다.

1) 일반적인 팁(General Tips)

- 상황을 설명할 때는 명확하고 진실한 내용으로 설명한다.
- 여러 가지 표현 방법이 있을 경우, 짧고 명료한 방법으로 설명한다.
- 청중들이 쉽게 이해할 수 있도록 간단한 단어 그리고 짧은 문장 및 단락을 활용한다.
- 1~10까지는 풀어서 단어(예, ten)로 적고 11 이상의 수는 숫자(예, 11)로 적는다.

- 기본 단어 및 용어를 사용하여 문서를 쉽게 읽고 이해할 수 있도록 작성한다.
- 남녀를 동등하게 표현할 수 있는 중립적인(Gender-neutral) 표현을 사용한다.
- 상충하는 용어는 영국식 철자를 사용하거나 옥스퍼드 영어사전을 참조하여 작성한다.
- 중요하고 새로운 정보는 문장 마지막 부분에 언급한다.
- 영어는 나이나 신분에 따라 사용하는 존댓말은 따로 존재하지 않지만 상황에 따라 높임 구문을 사용한다.
- 'don't' 같은 축약형을 사용하지 않고 'do not'으로 표기한다.
- 전치사로 문장을 끝내는 것을 자제한다.
- 오해를 피하기 위해 단어 생략(Ellipsis)은 자제한다.
- 새로운 내용 및 요점을 제시할 경우 새로운 단락으로 넘어간다.
- 단어를 반복하여 사용하지 않으며, 반복은 중요한 점을 강조하기 위한 용도로만 사용한다.
- 약어(Abbreviations) and 두문자어(Acronyms) 사용 시 단어 사이에 마침표(Full stop)를 표기하지 않는다. 예를 들어, 국제올림픽위원회를 표기할 경우 I.O.C.가 아닌 IOC로 표기한다.
- 처음 두문자어(Acronyms)를 사용할 때는 이해하기 쉽게 풀어서 표기한다.
- 국가 및 지역을 지칭할 때 항상 첫 알파벳을 대문자로 표기한다. 예를 들어, Japanese people, European art, American literature 등이 있다.

2. 올림픽 용어(Olympic Terminology)

- 올림픽을 방송, 언론 등에서 'Olympics'라고 언급하는데, 옳지 않으며, Olympic Winter Games 또는 Olympic Games라고 칭하는 것이 올바르다.
- 또한, 'Olympic'의 'O'는 항상 대문자이다.
- 영문 대회명은 '도시명 + 연도 + 올림픽/패럴림픽 + 하계/동계 + 대회' 순서로 표기한다. 예를 들어 1988 서울 하계올림픽대회는 Seoul 1988 Olympic Summer Games로, 2018 평창동계패럴림픽대회는 PyeongChang 2018 Paralympic Winter Games 로 표기된다.
- 올림픽 용어 중 대문자로 표기되는 단어는 아래와 같다.

영문	국문
Chefs de Mission	선수단장
Closing Ceremony	폐회식
Commission for the Olympic Programme	올림픽프로그램위원회
Fundamental Principles of Olympism	올림픽 이념의 기본 원칙
Games of the Olympiad	올림피아드 대회
International Olympic Academy(IOA)	국제올림픽아카데미(IOA)
International Olympic Committee(IOC)	국제올림픽위원회(IOC)
International Paralympic Committee(IPC)	국제패럴림픽위원회(IPC)
IOC Executive Board	IOC 집행위원회
IOC Athletes' Commission	IOC 선수위원회
IOC Medical Guide	IOC 의료 가이드
Olympic Brand	올림픽 브랜드
Olympic/Paralympic Cauldron	올림픽/패럴림픽 성화대
Olympic Congress	올림픽 콩그레스
Olympic/Paralympic Games	올림픽/패럴림픽대회
Olympic/Paralympic Movement	올림픽/패럴림픽 무브먼트(운동)
Olympic/Paralympic Record	올림픽/패럴림픽 기록

영문	국문
Olympic/Paralympic Summer Games	하계올림픽/패럴림픽대회
Olympic/Paralympic Village	올림픽/패럴림픽 선수촌
Olympic/Paralympic Winter Games	동계올림픽/패럴림픽대회
Olympic Solidarity Commission	올림픽 솔리다리티 위원회
Olympic Truce	올림픽 휴전
Olympism	올림픽 이념
Opening Ceremony	개회식
Sport for All Commission	생활체육위원회
The Olympic Partners (TOP) Programme	올림픽 후원 프로그램

출처: 2018평창동계올림픽대회및동계패럴림픽대회조직위원회(POCOG)

- 올림픽 용어 중 소문자로 표기되는 단어는 아래와 같다.

영문	국문
ancient Olympic Games	고대올림픽대회
modern Olympic Games	근대올림픽대회
Olympic/Paralympic anthem	올림픽/패럴림픽 찬가
Olympic/Paralympic athletes	올림픽/패럴림픽 선수
Olympic education	올림픽 교육
Olympic/Paralympic emblem	올림픽/패럴림픽 엠블럼
Olympic/Paralympic flag	올림픽/패럴림픽 기
Olympic/Paralympic flame	올림픽/패럴림픽 성화
Olympic marks	올림픽 마크
Olympic/Paralympic medal(s)	올림픽/패럴림픽 메달
Olympic/Paralympic motto	올림픽/패럴림픽 표어
Olympic oath	올림픽 선서
Olympic/Paralympic products	올림픽/패럴림픽 제품(상품)
Olympic rings	오륜
Olympic/Paralympic spirits	올림픽/패럴림픽 정신
Olympic torch	올림픽 성화
Paralympic symbol	패럴림픽 심볼

* 올림픽 및 패럴림픽은 항상 대문자
출처: 2018평창동계올림픽대회및동계패럴림픽대회조직위원회(POCOG)

스포츠 현장 영어 표현

　국제스포츠 관련 종사자라면 다양한 스포츠 현장에서 활동을 하게 될 것이다. 특히, 국제적인 대회 및 행사 현장에서는 다양한 국가의 선수 및 관계자, 전문가들이 한자리에 모이게 된다. 국제스포츠 현장에서는 그 누구와도 소통할 수 있는 세계 공용어인 영어로 대부분 소통하게 된다. 하지만 영어가 제1의 언어가 아닌 비영어권 국가의 사람들도 존재하기 때문에 쉽고도 간단한 영어 '글로비시(글로벌+잉글리시)'가 인기를 끌고 있다.

　일상생활에서 사용하는 영어 표현과 스포츠 현장에서 사용되는 단어 및 표현의 차이가 존재하는 것은 사실이다. 따라서, Chapter 4에서는 국제스포츠 현장에서 사용하는 표현을 접하고 활용해 볼 수 있도록 출·입국부터 숙소 체크인, 대회 준비 및 대회 중에 사용하는 용어를 상황별로 표현이 되어 있으며, 이러한 언어를 사전에 습득하고 숙지한다면 도움이 될 것이다.

출 · 입국(Arrival & Departure)

1. 탑승 수속(Check-in)

Vocabulary

n. counter	체크인 카운터
n. boarding pass	탑승권
n. luggage	수하물
n. baggage tag	수하물 표
n. boarding time	탑승 시간
n. boarding gate	탑승구
n. layover	일시적 체류 (보통, 짧은 시간 혹은 24시간 이내에 공항에 머무르면 layover, 24시간 이상 머무르면 stopover를 사용)
n. destination	목적지
n. terminal	터미널
n. delay	지연
n. window seat/aisle seat	창가 좌석/통로 좌석

Expressions

May I check your passport and boarding pass, please?	여권과 탑승권을 확인해도 될까요?
What's your final destination?	최종 목적지는 어디입니까?
I'm going to Barcelona.	바르셀로나로 갈 거예요.
How many luggage pieces do you want to check in?	몇 개의 수하물을 부치시겠습니까?
I have three bags to check in.	부칠 가방이 세 개 있습니다.
Here are your baggage tags and boarding pass.	수하물 표와 탑승권 여기 있습니다.
You will need to transfer in Paris.	파리에서 경유하셔야 합니다.
Boarding will begin at 5 o'clock at Gate 23.	탑승은 5시부터 23번 게이트에서 시작됩니다.
How can I go to Gate 23?	23번 게이트는 어떻게 가나요?
You can go to terminal A by shuttle bus.	터미널 A까지 셔틀버스를 이용하시면 됩니다.
You will find Gate 23 when you get there.	그곳에 도착하면 23번 게이트를 찾을 수 있습니다.
Is there any delay?	지연(연착)이 있나요?
Your flight has been delayed.	비행기가 연착되었습니다.
I'd like a window seat, please.	창가 쪽 자리 주세요.
Will my luggage go straight through, or do I need to pick it up in Rome?	수하물은 바로 목적지로 가나요? 아니면 로마에서 찾아가야 하나요?
Your luggage will go straight to Barcelona.	수하물은 곧장 바르셀로나로 보냅니다.
I need to check in my special equipment.	특수 장비를 부쳐야 합니다.
Here are the permits to carry this equipment.	여기 이 장비를 휴대할 수 있는 허가증이 있습니다.
Can you put a fragile tag on it?	취급주의 표를 붙여주시겠습니까?
Special equipment has a special extra cost.	특수 장비는 추가 비용이 발생합니다.
How much should I pay to check this in?	(이것)을 부치려면 얼마를 내야 하나요?

2. 양식 작성 및 출입국 관리(Form–filling & Immigration)

Vocabulary

n. purpose	목적
n. occupation	직업
n. sports coach	스포츠 코치
n. professional athlete	프로 선수
n. reporter	기자
n. referee	심판
n. admission	입국 허가
n. customs	세관
n. detector	검색대
n. family name	성
n. first name	이름
n. immigration	출입국
n. nationality	국적
n. issuing country	발행 국가
n. landing card	입국신고서
n. destination	목적지
n. claim check	수하물표
v. to stay	머무르다
v. to declare	신고하다
v. to place	~에 놓다(두다)
exp. for a competition	대회 참가를 위해

Expressions

May I see your immigration card and passport?	출입국 신고서와 여권을 보여주시겠습니까?
What is your occupation?	당신의 직업은 무엇입니까?
I'm a professional athlete.	저는 프로 운동선수입니다.
What is the purpose of your visit?	방문 목적이 무엇입니까?
I'm here to do press coverage of the event.	저는 대회 취재를 위해 여기에 왔습니다.
I'm here to participate in the Olympic Games.	올림픽 대회 참가를 위해 여기에 왔습니다.
I will participate in the World Championships.	세계선수권대회에 참가할 것입니다.
How long will you stay?	얼마나 머무르실 겁니까?
I will stay for two weeks.	2주간 머물 예정입니다.
Where are you going to stay?	어디서 체류하실 겁니까?

3. 수하물 찾는 곳(Baggage Claim)

Vocabulary

n. flight number	편명
n. carousel	수하물 컨베이어 벨트
n. cart (trolley)	카트(수레)
n. suitcase	여행 가방
n. hard suitcase	하드(딱딱한) 여행 가방
n. canvas suitcase	캔버스 여행 가방
n. tag number	표(태그) 번호
n. sports equipment (gear)	스포츠 장비
n. problem	문제
n. status	상태
n. insurance	보험
n. local address	현지 주소
n. zip code (postal code)	우편번호
n. contact number	연락처
adj. striped	줄무늬가 있는
adj. heavy (↔light)	무거운(↔가벼운)
adj. missing	잃어버리다(분실)
adj. damaged	파손된
v. to look like	~처럼 보이다.
v. to deliver	전달하다
v. to report	보고하다
v. to get paid for	에 대한 돈을 받다
v. to be reimbursed	변제받다

Expressions

Where can I pick up my luggage?	제 수하물은 어디서 찾을 수 있나요?
What's your flight number?	당신의 비행기 편명은 무엇입니까?
My flight number is MX770.	제 비행기 편명은 MX770입니다.
Baggage from MX770 is delayed.	MX770편 수하물은 지연됩니다.
My suitcase is missing.	제 여행 가방이 없어졌어요
I can't find my suitcase.	제 여행 가방이 안 보여요.
What does your suitcase look like?	여행 가방은 어떻게 생겼나요?
It has a flower pattern.	꽃무늬가 그려져 있습니다.
It's navy-colored, hard case suitcase.	네이비(감청색) 하드 케이스 가방입니다.
It's a striped, canvas suitcase.	줄무늬 캔버스 여행용 가방입니다.
Is there any problem with your suitcase?	여행 가방에 무슨 문제라도 있나요?
My suitcase is damaged.	제 여행 가방이 망가졌어요.
What should I do with my suitcase then?	그럼 여행 가방은 어떻게 해야 하죠?
You should go to Lost and Found.	분실물 센터로 가주세요.
I'd like to report my missing luggage.	분실물 신고를 하고 싶습니다.
Do you have your baggage tag with you?	수하물 표(태그)를 가지고 있습니까?
I need your name, local address, contact number and tag number.	이름, 현지 주소, 연락처, 표(태그) 번호가 필요합니다.
Can I be reimbursed for my damaged suitcase?	손상된 가방에 대해 변제받을 수 있습니까?
You can file a claim for those items.	해당 항목에 대해 배상 청구서를 요구할 수 있습니다.
Make sure you keep all your receipts.	영수증을 모두 잘 보관하세요.
How long should I wait to get my bag?	가방을 찾으려면 얼마나 기다려야 하나요?
Your luggage will arrive with flight MX 650 tomorrow.	수하물은 내일 MX650편과 함께 도착할 것입니다.
We will deliver your luggage to your local address.	수하물을 현지 주소로 전달해 드리겠습니다.

4. 도착(Arrival)

Vocabulary

n. gate	탑승구
n. arrivals board	도착 시간 게시판
n. national team	국가대표팀
n. team member	팀원
n. local coordinator	지역 코디네이터
n. Team Liaison Officer	팀 연락 담당자
n. head count	인원 수
n. wheelchair lift	휠체어 리프트
n. charging station	충전소
n. currency exchange	환전
n. large bill (↔small bill)	고액권(↔소액권)
n. text message	문자 메세지
n. pocket Wi-Fi	포켓 와이파이
n. free Wi-Fi	무료 와이파이
n. password	비밀번호
n. type	유형
n. data	데이터, 자료
adj. prepaid	선불의
adj. unlimited	무제한의
v. to double check	재확인하다
v. to load	(짐, 사람 등을) 싣다
v. to unpack	짐을 풀다
v. to go straight to	~로 바로 이동하다

Expressions

Are you from the Local Organising Committee?	현지조직위원회에서 오셨나요?
Hello. I'm Rachel Green from the Local Organising Committee.	안녕하세요, 현지조직위원회에 온 레이첼 그린입니다.
I will be with you for the rest of today's schedule.	오늘 남은 일정도 함께 하겠습니다.
We are the Korean national field hockey team.	저희는 한국 필드하키 국가대표팀입니다.
Which bus do we take?	어느 버스를 타야 할까요?
Can we use a bus with a wheelchair lift?	휠체어 리프트가 있는 버스를 이용할 수 있나요?
Where can be load our luggage?	짐은 어디에 실을까요?
Please load your luggage in the trunk.	짐을 트렁크에 실어주세요.
The driver will help you load your luggage and equipment.	운전기사가 짐과 장비를 싣는 것을 도와드릴 것입니다.
Will you come with us to the hotel?	우리와 함께 호텔로 가주시겠습니까?
How long will it take to the hotel?	호텔까지 얼마나 걸릴까요?
Let me tell you about the itinerary.	여행 일정에 대해 말씀드리겠습니다.
Can you get the final head count?	최종 인원수를 알 수 있나요?
How many people are there in total?	총 몇 분이신가요?
Do you have our itinerary?	저희 일정표를 가지고 계신가요?
What is tonight's schedule?	오늘 저녁 일정이 어떻게 되나요?
First, you will unpack at the hotel and then have dinner at a local restaurant.	먼저, 호텔에 짐을 풀고 현지 식당에서 저녁을 먹을 거예요.
Where can I exchange my currency?	환전은 어디서 하나요?
Can I exchange ten thousand South Korean won for US dollars?	만원을 미국 달러로 환전할 수 있나요?
What is the exchange rate?	환율이 어떻게 되나요?
How would you like your bills?	환전 화폐 단위는 어떻게 해드릴까요?

Can I have large and small bills?	고액권과 소액권으로 받을 수 있을까요?
Here are the dollars and the receipt.	여기 달러와 영수증이 있습니다.
I'd like to buy a prepaid SIM card.	선불 유심카드를 사고 싶습니다.
What type of SIM card would you like?	어떤 유형의 유심카드를 원하십니까?
I need a SIM card with unlimited data.	데이터가 무제한인 유심카드가 필요합니다.
The SIM card with unlimited data is fifty dollars.	데이터가 무제한인 유심카드는 50달러입니다.
How much are the calls?	통화료가 얼마죠?
Calls cost one dollar per minute.	통화료는 분당 1달러입니다.
What is the Wi-Fi password here?	여기 와이파이 비밀번호가 무엇입니까?
Sorry, we don't have free public Wi-Fi here.	죄송합니다, 무료 공용 와이파이가 없습니다.
Is there a charging station?	충전소가 있나요?
The charging station is over there to your left.	충전소는 저기 왼쪽에 있습니다.
There is no charging station, but there are many power outlets around the area.	충전소는 없지만 주변에 전원 콘센트가 많습니다.
You should be able to find one.	하나 정도는 찾을 수 있을 겁니다.

숙박(Accommodation)

1. 체크인 & 체크아웃(Check-in & Check-out)

Vocabulary

n. booking/reservation	예약
n. two nights and three days	2박 3일
n. (security) deposit	보증금
n. non-smoking room	금연실
n. single bed/double bed	싱글 침대/더블 침대
n. twin beds	트윈 침대(한 쌍을 이루는 두 개의 1인용 침대)
n. ocean view	바다가 보이는 전망
n. ID (identification)	신분증(신분 확인)
n. airport pick-up service	공항 픽업 서비스
n. housekeeping	하우스 키핑(객실관리 서비스)
adj. overnight	일박의
adj. over-booked	초과예약

Expressions

I'd like to check-in/check-out.	체크인/체크아웃을 하고 싶습니다.
I have a reservation under Su-jun Kim.	김수준으로 예약했습니다.
Can I stay one more night?	하룻밤 더 묵을 수 있을까요?
Can I pay the deposit in cash?	보증금을 현금으로 낼 수 있나요?
What is the check-out time?	체크아웃 시간은 언제인가요?
How much should I tip?	팁은 어는 정도 줘야 하나요?
I would suggest two to five dollars per day.	하루에 2달러에서 5달러를 제안합니다.
Do you have a reservation?	예약하였습니까?
What name did you book the room under?	예약자 분 성함이 어떻게 되시나요?
May I see your ID?	신분증을 보여주시겠습니까?
I can't seem to find your reservation.	당신의 예약을 찾을 수 없습니다.
Your reservation is for a double room for three nights.	더블룸으로 3박 예약되어 있습니다.
Would you like to put the deposit on your card?	카드로 보증금을 돌려드릴까요?
You should check-out by 11 a.m.	오전 11시까지 체크아웃 해야합니다.
Please dial the number 'zero' if you need any assistance.	도움이 필요하시면 '0'번을 누르세요.
Do you offer an airport pick-up service?	공항 픽업 서비스를 제공하나요?
Is free Wi-Fi available here?	여기는 무료 와이파이가 되나요?
Can I get the Wi-Fi password?	와이파이 비밀번호 좀 알 수 있을까요?
The Wi-Fi password is 00000.	와이파이 비밀번호는 00000입니다.
What time do you serve breakfast?	아침 식사는 몇 시에 제공하나요?
What time do you start cleaning?	청소는 몇 시부터 하나요?
Which floor is the vending machine at?	자판기는 몇 층에 있나요?
The vending machine is located in the hotel lobby.	자판기는 호텔 로비에 배치되어 있습니다.

2. 시설(Facilities)

Vocabulary

n. lighting	조명
n. refrigerator	냉장고
n. amenity	(호텔 내) 각종 소모품 및 서비스 용품
n. toilet paper (tissue)	휴지
n. towel	수건
n. hanger	옷걸이
n. power adaptor	전원 어댑터
n. charger	충전기
n. air conditioning	에어컨
n. heater	난방기, 히터
n. room temperature	실온
n. laundry service	세탁 서비스
n. wake-up call	모닝콜
n. conference (meeting) room	회의실
n. beam projector	빔 프로젝터
n. laundry room	세탁실
n. indoor pool	실내 수영장
n. sauna	사우나
n. fitness center	피트니스 센터
n. storage facility	짐 보관소
n. snack bar	스낵바(간이 식당)
n. pub (bar)	술집(바)
n. grocery (convenience) store	식료품점(편의점)

n. downtown	시내
adj. messy	어수선한
adj. dirty	지저분한
adj. humid	습기가 많은
adj. famous for	~로 유명한
adv. enough	충분한
adv. right away	즉시
v. to order	~을 주문하다
v. to borrow	~을 대여하다
v. to charge	~을 청구하다
v. to empty	~을 비우다
v. to leak	~이 새다/누설하다
v. to be clogged	~이 막히다
v. to be locked out	~이 잠겨있다
v. to plug in	(전원 등을) 연결하다/꽂다
v. to rent	~을 빌리다
v. to store	~을 저장하다
v. to install	~을 설치하다
v. to take a walk	산책하다
v. to recommend	~을 추천하다
v. to go sightseeing	관광하다
v. to visit	방문하다
exp. 24/7 (twenty-four seven)	하루 24시간 일주일 내내
exp. from A to B	A부터 B까지
exp. walking distance	도보 거리

Expressions

Could you bring up extra hangers?	여분의 옷걸이를 더 가져다주시겠습니까?
I'll bring them up right away.	지금 바로 가져다드리겠습니다.
How does the laundry service work?	세탁 서비스는 어떻게 이용하나요?
How much do you charge for it?	요금이 얼마입니까?
All guests can use our laundry service for free.	모든 투숙객은 무료로 세탁 서비스를 이용할 수 있습니다.
Please dry-clean my uniform.	제 유니폼을 드라이클리닝 해주세요.
How may I help you?	무엇을 도와드릴까요?
I think I lost my room key.	방 열쇠를 잃어버린 것 같아요.
May I have your room number?	객실 번호를 알 수 있을까요?
Here's the spare key.	여기 여분의 열쇠가 있습니다.
You'll be charged for the spare key.	여분 열쇠에 대한 요금이 부과됩니다.
It's too humid in my room.	내 방이 너무 습해요.
I'm sorry to hear about that.	안됐네요.
How can I change the room temperature?	제 방 온도를 어떻게 바꾸나요?
There is something wrong with the heating.	난방기에 문제가 있습니다.
The sink is leaking.	세면대에서 물이 샙니다.
The window is broken.	창문이 깨졌어요.
Sorry for the inconvenience.	불편을 드려 죄송합니다.
My toilet is clogged. Can you help me?	변기가 막혔어요. 도와주시겠습니까?
Could you wait for a second? I'm coming up.	잠시만 기다려 주시겠어요? 지금 올라갑니다.
The light is off. Can you have a look?	불이 꺼졌어요. 이것 좀 봐주시겠습니까?
I'll send our staff to your room now.	지금 저희 직원을 객실로 보내드리겠습니다.
My room is still messy.	내 방은 여전히 지저분해요.

The room smells like cigarettes.	방에서 담배 냄새가 나요.
Can you send someone up?	사람을 올려보내 주실 수 있나요?
Can you change my room?	제 방을 바꿔주실 수 있나요?
Can I get information on the hotel facilities?	호텔 시설에 대한 정보를 얻을 수 있을까요?
When can I use the fitness center?	피트니스 센터는 언제 이용할 수 있나요?
The fitness center is open 24/7.	피트니스 센터는 연중무휴로 운영됩니다.
What are the indoor pool hours?	실내 수영장 이용 시간이 어떻게 되나요?
The pool is open from 7 a.m. to 10 p.m.	수영장은 오전 7시부터 오후 10시까지 운영합니다.
Do you have a storage facility here?	이곳에 짐 보관소가 있습니까?
You can store your luggage for a dollar per hour.	시간당 1달러에 짐을 보관할 수 있습니다.
I'd like to use a conference room.	회의실을 이용하고 싶습니다.
Do you have any beam projectors at the meeting room?	회의실에 빔 프로젝터가 있나요?
The beam projectors are installed in each meeting room.	빔 프로젝터는 각 회의실에 설치되어 있습니다.
Is there a convenience store nearby?	이 근처에 편의점이 있나요?
There is a grocery store at the corner of this street.	이 길모퉁이에 식료품점이 있습니다.
Is there any place to take a walk?	산책할 곳이 있나요?
There is a park near the city.	시내 근처에 공원이 있습니다.
Is it walking distance?	걸어서 갈 수 있는 거리인가요?
I recommend taking a taxi.	택시 타는 것을 추천합니다.
Can you recommend any tourist attractions nearby?	근처 관광지를 추천해 주실 수 있나요?
I'd like to go sightseeing.	관광을 하고 싶습니다.

3. 음식 주문(Ordering Food)

Vocabulary

n. cafeteria	식당
n. restaurant	레스토랑
n. meal time	식사 시간
n. dining hall	식당
n. breakfast	아침 식사
n. lunch	점심 식사
n. dinner (supper)	저녁 식사
n. late-night snack	야식
n. buffet	뷔페
n. meat	고기류
n. fruits	과일
n. green vegetables	녹색 채소
n. dairy products	유제품
n. fish	생선류
n. whole grains	통곡물
n. beans	콩류
n. nuts	견과류
n. allergies (allergic)	알레르기
adj. continental	대륙의
adj. American	미국의
adj. Asian	아시아의
adj. Halal	할랄(이슬람교 율법에 따른)
adj. Kosher	코셔(유대교 율법에 따른)

adj. vegan	채식
adj. vegetarian	채식주의자
adj. low-salt	저염식
adj. high-carb (carbohydrate)	고 탄수화물의
adj. gluten-free	글루텐 무첨가의
adj. fat-free	무지방의
adj. protein-rich	고 단백질의
adj. lactose intolerant	유당불내증, 젖당 소화장애
adj. à la carte	알라카르테(식단에 따라서/따로 시키는)
adj. separate	따로(별도)
adj. 24-hour	24시간의
v. to cut down (weight/calories)	(중량을/칼로리를) 감량하다
exp. to-go (takeout/takeaway)	포장

Expressions

Does my reservation include breakfast?	제 예약에 조식이 포함되어 있나요?
Your reservation includes continental breakfast.	고객님의 예약에는 간단한 조식이 포함되어 있습니다.
Where can we have the breakfast buffet?	조식 뷔페는 어디서 먹을 수 있나요?
The breakfast buffet is served in the second floor.	조식 뷔페는 2층에 있습니다.
How would you like your eggs?	달걀은 어떻게 조리해드릴까요?
I want scrambled eggs.	스크램블 에그 주세요.
Is there a separate dining area for athletes?	선수들을 위한 식당이 따로 있나요?
Can we have our lunch to go?	점심을 포장해 갈 수 있나요?
We won't be here at lunch time.	우리는 점심시간에 이곳에 없을 거예요.
Can we have breakfast earlier tomorrow?	내일 아침식사를 더 일찍 할 수 있나요?

We have matches early in the morning.	우리는 아침 일찍 시합이 있습니다.
Our team would like to have dinner at 6:15 p.m.	저희 팀은 오후 6시 15분에 저녁식사를 하고 싶습니다.
We have a late match tonight, so please prepare dinner by 10 p.m.	오늘 밤늦게 시합이 있으니, 저녁을 10시까지 준비해 주세요.
Is there a 24-hour food station?	24시간 이용 가능한 식당이 있나요?
What types of menus are there?	어떤 음식 메뉴들이 있나요?
There are four sections in the cafeteria - '24-hour food station,' 'breakfast,' 'lunch/dinner/late-night snack,' and 'halal.'	식당에는 '24시간 식당가', '아침', '점심/저녁/야식' 그리고 '할랄'로 구성된 네 개의 섹션이 있습니다.
Are there any Halal or vegan options?	할랄이나 채식주의자를 위한 음식이 있나요?
We serve vegan meals on our menu.	저희는 채식주의자를 위한 메뉴도 있습니다.
You must request special meals a day in advance.	특별 식사는 하루 전에 요청해야 합니다.
The meal times are different for each meal. Please check.	음식마다 식사 시간이 다릅니다. 확인부탁드립니다.
We will prepare your dinner by 10 p.m. as you requested.	요청하신 대로 저녁 10시까지 식사를 준비하겠습니다.
Please notify us of any allergies or special considerations we need to consider when preparing your meals.	식사를 준비할 때, 특별히 고려해야 할 사항이나 알레르기 사항이 있으면 알려주세요.
I'm a vegetarian.	저는 채식주의자입니다.
We don't eat pork.	저희는 돼지고기를 먹지 않습니다.
We'd like a high-carb diet, please.	고탄수화물 식이요법으로 부탁드립니다.
We have players with nut allergies.	견과류 알레르기가 있는 선수들이 있습니다.
Please prepare only a gluten-free diet.	글루텐-프리 식단만 준비해주세요.
Could you serve white rice and soup for every meal?	매 끼니마다 흰밥과 국을 제공해주실 수 있나요?
Do you have kimchi?	김치 있나요?
We can prepare kimchi as your request.	당신이 요청하면 김치를 준비해드릴 수 있습니다.

4. 사교적 대화(Social Conversation)

Vocabulary

n. game room	오락실
n. jersey	운동용 셔츠
n. social media	소셜 미디어
n. application (app)	애플리케이션
n. account	계정
n. progress	진척(진행)
adj. traditional	전통적인
adj. amazing	대단한
adj. straight	똑바른
adj. off-season	비수기의
exp. from time to time	가끔
exp. small talk	잡담
v. to swap (exchange)	교환하다
v. to remember	기억하다
v. to follow	따라하다
v. to follow ~ back	뒤를 좇아가다
v. to be friends	친구로 지내다
v. to keep in touch	계속 연락하다
v. to feel free to ~	~하는 것을 부담 갖지 않다
v. to deserve	~할 자격이 있다
exp. Enjoy your meal.	식사 맛있게 하세요.
exp. Cheers!	건배!
exp. I beg your pardon.	다시 한번 말씀해 주세요.

Expressions

I think your jersey is cool.	당신의 운동용 셔츠(저지)가 멋지네요
Let's swap jerseys.	운동용 셔츠(저지)를 교환해요.
This is a Korean traditional fan.	이것은 한국의 전통 부채입니다.
I made this for you.	당신을 위해서 만들었습니다.
Do you have pins from your country?	당신 국가의 배지(장식용 핀)가 있나요?
Let's exchange pins!	배지를 교환합시다.
Which social media app do you use?	당신은 어떤 소셜 미디어 애플리케이션을 사용하나요?
Do you have an Instagram account?	인스타그램 계정이 있나요?
Mine is 'kimsoo21'. What's yours?	제 인스타그램 계정은 'kimsoo21'입니다. 당신의 계정은 무엇인가요?
Do you use WhatsApp?	왓츠앱을 사용하나요?
Let's follow each other on Instagram.	우리 인스타그램 팔로우 해요.
Follow me back on Twitter.	트위터에서 팔로우 해요.
Let's be friends on Facebook.	우리 페이스북 친구 해요.
I will add you on Facebook.	페이스북에 당신을 추가하겠습니다.
I'm a fan of yours.	저는 당신의 팬입니다.
Please remember me.	저를 기억해 주세요.
I'd like to hear from you from time to time.	가끔 당신의 소식을 듣고 싶습니다.
Let's keep in touch!	계속 연락해요!
Feel free to text me anytime.	언제든지 편하게 문자 주세요.
Long time no see! How have you been?	오랜만입니다. 어떻게 지냈어요?
I'm so glad to see you here.	여기서 당신을 만나서 정말 기뻐요.
What's your plan after the competition?	대회 끝나고 뭐 할 계획입니까?
When do you go back to your country?	언제 당신의 나라로 돌아가나요?

How many times have you been to international games?	국제 경기에 몇 번이나 참석했습니까?
Which games are you participating in next?	다음에 어떤 대회에 참가할 건가요?
Are you participating in the next World Cup?	다음 월드컵에 참가할 건가요?
I will see you at the finals again.	결승전에서 다시 뵙겠습니다.
See you in the next games!	다음 대회에서 만나요!
I hope we can train together next time.	다음 번에는 우리가 함께 훈련할 수 있기를 바랍니다.
Come visit our team for off-season training someday.	언젠가 비시즌 훈련기간 동안 저희 팀에 방문해주세요.
Please contact me when you visit Korea.	한국에 방문하시면 저에게 연락주세요.
Congratulations on your gold medal!	금메달 획득을 축하합니다!
Congratulations on your three straight victories!	3연승을 축하합니다!
You deserve it.	당신은 자격이 있어요(정말 좋은 결과네요.)
It was such a good match today.	오늘 정말 좋은 경기였어요.
You did great today.	오늘 정말 잘했어요.
Your technique was amazing!	너의 기술은 정말 놀라웠어!
You made big progress in your technique.	기술에서 큰 발전을 이루셨네요.
I bet nobody can copy your technique.	아무도 너의 기술을 따라 할 수 없을 거야.

대회 준비(Preparation)

1. 카드 수령(Credential Pick-up)

Vocabulary

n. AD card (accreditation)	AD 카드(대회 등록 카드)
n. function	기능, 행사, 의식
n. organisation	조직
n. access code	출입(접속) 코드
n. registration center	등록 센터
n. medical staff	의료진
n. media attaché	미디어 담당관
n. guest pass	게스트 출입증
n. strap (lanyard)	끈(신분증 등 목에 걸 때 쓰는)
adj. misspelled	맞춤법이 틀린
v. to pick up	데려오다, 줍다, 수령하다, 회복되다
v. to apply for	신청하다

Expressions

Where can I pick up my AD card?	AD 카드는 어디서 받을 수 있나요?
You need to visit the accreditation center at the village.	당신은 선수촌에 있는 등록 센터에 방문해야 합니다.
Is there any other place I can pick it up?	제가 그것을 수령할 수 있는 다른 곳이 있나요?
I need to take a photo for my AD card?	AD 카드용 사진은 어디서 찍어야 하나요?
There is a photobooth in the accreditation center.	등록 센터에 포토부스(즉석 사진 촬영소)가 있습니다.
I'm here to pick up my accreditation.	제 등록증을 가지고 계시나요?
May I see your passport?	여권 좀 볼 수 있을까요?
Do you have your Olympic Identity and Accreditation Card (OIAC)?*	올림픽 등록카드를 가시고 계십니다.
Please check that the information in your accreditation is correct.	당신의 등록증에 있는 정보가 정확한지 확인해주세요.
My information here is incorrect. Can you please change it?	개인 정보가 잘못 표기되었습니다. 수정해 주실 수 있으신가요?
My name is misspelled.	내 이름의 철자가 틀렸어요.
If the strap (lanyard) breaks, can I get a new one?	끈이 고장나면 새것으로 받을 수 있나요?
Can you explain the access codes to me?	출입 코드 관련해서 설명해 주실 수 있나요?
How far can I go with my accreditation?	제 등록카드(출입증)는 어디까지 입장 가능한가요?
There is a brief explanation of the codes on the back of your card.	카드 뒷면에 간단한 코드 설명이 있습니다.

---

* 올림픽 등록카드(Olympic Identity and Accreditation Card, OIAC) 혹은 패럴림픽 등록카드(Paralympic Identity and Accreditation Card, PIAC)는 올림픽/패럴림픽 대회에 참가할 수 있는 권리를 부여하는 등록카드(AD)이다. OIAC는 여권과 함께 올림픽 개최국 입국을 승인하는데 필요한 여행 서류가 될 수도 있으며, 인증을 받을 수 있는 자격을 부여한다.

I'm a team leader. Can I pick up the cards for my team?	저는 팀장입니다. 내일 우리 팀을 위해 AD 카드를 가져가도 될까요?
We are short of three AD cards out of twenty-five in total.	우리는 총 25개 중, 3개의 AD 카드가 부족합니다.
I lost my accreditation card.	제 AD 카드를 잃어버렸습니다.
Can I get my AD card reissued?	AD 카드를 재발급받을 수 있나요?
Where can I get a new AD card issued?	AD 카드 발급은 어디서 받을 수 있나요?
How do I apply for a guest pass?	게스트 출입증은 어떻게 신청하나요?
I'm here to pick up two guest passes.	게스트 출입증 두 장을 가지러 왔습니다.
How can I get an extra guest pass?	추가 게스트 출입증을 받으려면 어떻게 해야 하나요?
You can apply for a guest pass a day before by providing a copy of your guest's passport.	게스트 여권 사본을 제공하면 하루 전에 게스트 출입증 신청이 가능합니다.
Your guest will have to show his/her passport to get the guest pass.	여권을 보여주셔야 게스트 출입증을 발급받으실 수 있습니다.
Guest passes have to be approved before they are issued.	게스트 출입증은 발급되기 전에 승인을 받아야 합니다.
Can you double-check that the information is correct?	정보가 정확한지 다시 확인해 줄 수 있나요?
I apologize for the inconvenience.	불편을 드려 죄송합니다.
Let me correct it and reissue your name.	성함을 수정하고 재발급해드리겠습니다.
I would like to order a new one.	재발급을 신청합니다.
How can I enter without an AD card?	AD카드 없이 출입하려면 어떻게 해야 하나요?
Please let me know your name and organisation.	당신의 이름과 소속을 말씀해주세요.
What is your function?	당신의 직책은 무엇인가요?
I am a coach.	저는 코치입니다.
Please don't misplace it.	잃어버리지 않게 잘 보관하세요.

2. 경기장 정보(Venue Information)

Vocabulary

n. venue	경기장
n. facility	시설
n. stadium	경기장
n. arena	경기장
n. gymnasium	체육관
n. floor (venue) map	안내도(경기장 장소)
n. mixed zone	공동 취재 구역
n. press conference room	기자 회견장
n. medical room	의무실
n. doping control station	도핑관리실
n. training center	훈련장
n. training area	훈련 구역
n. bathroom	화장실
n. weight room (fitness room)	체력단련실
n. parking	주차
n. ticket office	매표소
n. volunteer	자원봉사자
n. crew	팀원/팀
n. uniform	유니폼
v. to leave	떠나다
v. to enter	입장하다
v. to be allowed	허용되다
exp. around the corner	모퉁이를 돌아서

Expressions

Where can I find the information desk?	안내 데스크는 어디에 있나요?
Can I check the floor map of this arena?	이 경기장의 안내도를 확인할 수 있을까요?
Can you tell me the facilities in the venue?	경기장 장소에 있는 시설들을 알려주실 수 있나요?
Could you show me where the training area is located?	훈련 구역이 어디에 있는지 알려주실 수 있나요?
If you need any help, please tell the volunteer or crew wearing the red uniform.	도움이 필요하시면 빨간 유니폼을 입은 자원봉사자나 팀원에게 말씀해주세요.
You will not be able to enter without your accreditation.	출입증이 없으면 입장할 수 없습니다.
Where is the bathroom?	화장실은 어디에 있나요?
Can you please put the venue map at the entrance?	경기장 지도를 입구에 붙여주실 수 있나요?
Please refer to the floor map by the entrance for further details.	자세한 내용은 입구 옆 안내도를 참조해 주세요.
I am looking for a medical room.	의무실을 찾고 있습니다.
Please show me your AD card.	AD 카드를 보여주세요.
The bathroom is around the corner.	화장실은 모퉁이를 돌면 있습니다.
The press conference room is across the press center.	기자회견실은 프레스센터 건너편에 있습니다.
Where can I find the weight room?	체력단련실은 어디에 있나요?
I don't know where it is.	어딘지 모르겠습니다.
Can you explain that again?	다시 한번 설명해주시겠어요?
Could you take me to the sauna area?	사우나실로 데려가 주시겠어요?
How many training areas are there?	훈련장은 얼마나 있나요?
Where should I go?	어디로 갈까요?
The training center is open every week from Monday to Friday.	훈련장은 매주 월요일부터 금요일까지 운영합니다.

3. 교통수단(Transportation & Directions)

Vocabulary

n. the last bus	막차
n. shuttle bus	셔틀버스
n. stop	정거장
n. driver	운전자
n. reserved seating	지정 좌석
n. wheelchair lift	휠체어 리프트
n. taxi (cab)	택시
n. traffic jam	교통체증
n. express lane	급행 차선
n. base fare	기본 요금
n. late-night fare	심야 요금
n. shortcut	지름길
adj. quick (↔ slow)	빠른(↔느린)
adj. comfortable (↔uncomfortable)	편안한(↔불편한)
adj. late (↔early)	늦은(↔이른)
v. to run	달리다
v. to participate in	~에 참여하다
v. to arrive	도착하다
v. to stop by	들르다
v. to miss	놓치다
v. to get on	(버스 등에) 타다
v. to pull over (drop off)	차를 세우다(하차하다)
exp. on the way	~하는 중에/도중에

Expressions

When and where should I take the shuttle bus?	셔틀버스는 언제 어디서 타야 하나요?
Where is the shuttle bus stop?	셔틀버스 정류장은 어디에 있습니까?
What time is the last shuttle bus from the stadium to the hotel?	경기장에서 호텔까지 가는 마지막 셔틀버스는 몇 시인가요?
Can I see the shuttle bus schedule?	셔틀버스 시간표를 볼 수 있을까요?
You can check the shuttle bus schedule on the bus stop.	셔틀버스 시간표는 정류장에서 확인할 수 있습니다.
How often do the shuttle buses run?	셔틀버스는 얼마나 자주 운행하나요?
The buses run every 20 minutes.	버스는 20분 간격으로 운행합니다.
Can you tell me the route?	가는 길 좀 알려주시겠어요?
Do buses always drop-off and pick-up here?	여기서 항상 버스를 타고 내리나요?
This is the official shuttle bus stop.	여기가 공식 셔틀버스 정류장입니다.
Is there any other way to go back after the last bus?	버스 막차 시간 이후에 돌아갈 다른 방법이 있나요?
If you miss the last bus, you should look for a taxi.	버스 막차를 놓치면 택시를 타야 합니다.
There is a taxi area outside the main entrance.	정문 밖에 택시 타는 곳이 있습니다.
Can you take me to the Plaza Hotel?	플라자 호텔까지 데려다줄 수 있나요?
There is a late-night fare.	심야 요금이 있습니다.
How long will it take to get there?	거기까지 가는 데 얼마나 걸릴까요?
It will take about 40 minutes.	40분 정도 걸립니다.
It depends on traffic.	교통체증에 따라 다릅니다.
I will try to use the express lane when I can.	가능하면 급행 차로를 이용하겠습니다.
Can you take a shortcut?	지름길로 가실 수 있나요?
Please pull over here.	여기서 세워주세요.
Do I get off here?	여기서 내리면 되나요?

4. 훈련 장소(Training Areas)

Vocabulary

n. multi-purpose arena	다목적 경기장
n. tennis court	테니스 코트
n. swimming pool	수영장
n. football field (pitch)	축구장
n. running track	러닝 트랙
n. fee	회비/가입비
n. capacity	수용력
n. party	단체
n. number	번호/숫자
n. training hours	훈련 시간
n. weather (condition)	날씨(상태)
n. time slot	시간대
adj. maximum (↔minimum)	최대(↔최소)
adj. available (↔unavailable)	가능(↔불가능)
adj. injured	부상을 입은, 다친
v. to reserve (to make a reservation)	예약하다
v. to confirm	확인하다
v. to cost	(값/비용이)~이다(들다)
v. to extend	확장하다/연장하다
v. to reschedule	일정을 조정하다
v. to cancel	취소하다
v. to close	문을 닫다/끝나다/(간격을) 좁히다
exp. at the same time	동시에

Expressions

Can I make a reservation for the training room?	훈련장을 예약할 수 있나요?
How can I make a reservation?	예약하려면 어떻게 해야 하나요?
Can I have your name for the reservation?	예약자 성함을 알 수 있을까요?
How much does it cost?	비용이 얼마나 드나요?
It costs $150 dollars per hour.	시간당 150달러입니다.
How big is the multi-purpose arena?	다목적 경기장은 얼마나 큰가요?
How many people can use it at the same time?	한 번에 몇 명까지 이용할 수 있나요?
When would you like to use the training area?	언제 훈련장을 사용하길 원하시나요?
What time slots do you have available tomorrow?	내일 가능한 시간대는 언제인가요?
I'd like to reserve the football pitch from 10 a.m. to 12 p.m. next Wednesday.	다음 주 수요일 오전 10시부터 오후 12시까지 축구장을 예약하고 싶습니다.
Can I call to confirm my reservation?	예약 확인을 위한 전화를 해도 될까요?
We will inform you if any changes occur.	변동사항이 생기면 알려드리겠습니다.
I would like to change my reservation.	예약을 변경하고 싶습니다.
Our training schedule has changed.	훈련 일정이 변경되었습니다.
How would you like to change your reservation?	예약을 어떻게 변경해드릴까요?
We need a bigger area.	우리는 더 넓은 공간이 필요합니다.
We have other rooms available.	다른 방이 남아있습니다.
I would like to extend my reservation.	예약을 연장하고 싶습니다.
How can I extend my reservation?	예약을 어떻게 연장할 수 있죠?
Can I reschedule my reservation?	예약을 다시 잡을 수 있을까요?
I have a reservation for the morning, but I would like to change it to the evening.	오전으로 예약했는데, 저녁으로 변경하고 싶습니다.
The training area closes at 8 p.m.	훈련장은 오후 8시에 문을 닫습니다.
I would like to cancel my reservation.	예약을 취소하고 싶습니다.

5. 시설이용(Using the Facilities)

Vocabulary

n. mattress	매트리스
n. padded floor	패드를 깔아놓은 바닥
n. locker room	탈의실, 라커룸
n. restroom (bathroom)	화장실
n. physical therapy room	물리치료실
n. faucet	수도꼭지
n. drain	배수구
n. heater	히터
n. air conditioner	에어컨
n. air vent	통풍구
n. switch	스위치
n. scale	척도, 저울
n. plastic bag	비닐봉투
n. repair kit	수리 장비
n. sports drinks	스포츠 음료
n. water bottles	물병
n. refrigerator	냉장고
adj. locked	잠긴
adj. clogged	막힌
adv. properly	적절히
v. to borrow	빌리다
v. to rent	(사용료를 내고) 빌리다/대여하다
v. to leak	새다

Expressions

Are there water bottles in the weight room?	체력단련실에 물병이 있나요?
Where are the towels?	수건 어디 있나요?
There is a refrigerator with water bottles and sports drinks in the main hall.	중앙홀에 물병과 스포츠 음료가 구비된 냉장고가 있습니다.
Could you turn off the air conditioning in the men's locker room?	남자 탈의실에 에어컨을 꺼주실 수 있나요?
Could you turn on the heater in the women's locker room?	여자 탈의실에 히터를 좀 틀어주시겠어요?
Do you have specialised equipment?	전문적인 장비를 가지고 있나요?
You may rent up to 4 pieces a day.	하루에 4개까지 대여가 가능합니다.
You may rent up to 3 times per day.	하루에 3번까지 대여가 가능합니다.
The faucet in the bathroom is leaking.	화장실 수도꼭지에서 물이 샙니다.
There's no hot water in the shower.	샤워기에 뜨거운 물이 안 나와요.
The shower floor is not draining well.	샤워실의 물이 잘 안 빠져요.
A door in the locker room is broken.	탈의실의 문이 고장 났습니다.
My locker is locked.	내 사물함은 잠겼습니다.
Can we reserve this space for a private training?	우리가 이 공간을 개인 훈련을 위해 예약할 수 있나요?
Do you have a scale I can borrow?	저울을 빌릴 수 있을까요?
Can I return the scale tomorrow?	내일 저울을 반납해도 될까요?
Where can I get some ice?	얼음은 어디서 구할 수 있나요?
Do you have any plastic bags for the ice?	얼음 담는 비닐봉지 있나요?
You can get some ice from the medical room.	의무실에서 얼음을 가져오시면 됩니다.
Can I rent a wheelchair repair kit?	휠체어 수리 장비를 빌릴 수 있을까요?

6. 대회 운영 및 규정(Operations & Rules)

Vocabulary

n. tournament	대회(토너먼트)
n. draw	조 추첨
n. versus	대(對)
n. cancellation	취소
n. location	장소
n. weight category	체급
n. players' lounge	선수 전용 라운지
n. rules	규칙
n. rule-changes	규칙 변경
n. regulations	규정
n. permission	허가
n. referee (umpire)	심판
n. assistant referee	부심
n. judge	심판
n. kick-off	킥오프
n. foul	파울
n. time-out	타임아웃
n. break time	휴식시간
n. half time	하프타임
n. video replay	비디오 판독
n. spectator(s)	관중
adj. detailed	상세한
adj. final	최종적인

adj. updated	최신의
adj. valid	유효한, 타당한
v. to announce	발표하다, 알리다
v. to take place	(미리 준비되거나 계획된 일이) 개최되다
v. to bring	가져오다
v. to provide	제공(공급)하다
v. to withdraw	기권하다
v. to make an appeal	이의 제기하다, 항의하다
v. to warm up	웜업하다, 몸을 풀다
v. to deal with	~을 처리(해결)하다
exp. in advance	미리, 사전에
exp. in detail	상세하게
exp. behind closed doors	비공개로, 비밀리에

Expressions

This meeting is to discuss the operational details of the tournament.	본 회의는 대회 운영 세부 사항을 논의하기 위해서입니다.
The draw will be a day before the start of the competition.	조 추첨은 경기 하루 전에 진행된다.
Physical therapy is available at the venue.	경기장에서 물리치료를 받을 수 있습니다.
Snacks and sports drinks will be available at the players' lounge.	간식 및 스포츠 음료는 선수 전용 라운지에 구비되어 있습니다.
Volunteers will be there to guide you.	자원봉사자들이 안내해 드릴 것입니다.
The venue's floor map will be by the main entrance.	경기장 안내도는 정문 옆에 배치되어 있습니다.
The new rules are effective as of this championship.	새로운 규정은 이번 선수권 대회부터 유효합니다.

Players can't leave the court during the match.	선수들은 경기 중에 코트를 벗어날 수 없습니다.
All players must wear uniform during warm up.	몸을 풀 때 선수들은 유니폼을 착용해야 합니다.
I would like to know the detailed schedule for the meeting.	회의 세부 일정을 알고 싶습니다.
I'd like to have the schedule in advance.	사전에 일정을 알고 싶습니다.
I'd like to check my team's competition schedule.	저희 팀의 경기 일정을 확인하고 싶습니다.
I'd like to check the time for the draw for the round of thirty-two.	32강 조 추첨 시간을 확인하고 싶습니다.
Is this the final schedule?	이게 최종 일정인가요?
Is this the updated schedule?	이게 업데이트된 일정인가요?
Could you explain the schedule in detail?	일정을 자세히 설명해 주실 수 있나요?
Where can I check for changes on schedule or location?	변경된 일정 및 장소는 어디서 확인할 수 있나요?
What time does the draw begin?	조 추첨은 몇 시에 시작하나요?
Can you explain the new rules one more time?	새로운 규정을 한 번 더 설명해 주시겠어요?
Does the medal ceremony start right after the competition?	메달 시상식은 경기가 끝나고 바로 진행되나요?
I believe the draw was not done properly.	저는 조 추첨이 제대로 진행되지 않았다고 생각합니다.
The time and location of the draw was changed last minute.	조 추첨 진행 시간 및 장소가 마지막에 변경되었습니다.
One of our players is not on the list.	우리 선수들 중에 한 명이 명단에 없습니다.
We have to withdraw due to injury.	우리는 부상으로 인해 기권해야 합니다.
Where can I make an appeal?	어디에서 이의 제기를 할 수 있나요?
Our team's venue was changed without notice.	우리 팀의 경기장이 예고 없이 변경되었습니다.
How can we ask for a break and video replay?	휴식 및 비디오 판독을 어떻게 요청할 수 있나요?

7. 사건 보고(Reporting Incidents)

Vocabulary

n. report (complaint)	보고, 신고
n. misconduct	위법 행위
n. victim	피해자
n. manipulation	조작
n. harassment	희롱
n. match-fixing	승부 조작
n. abuse	학대
n. consent	합의(동의)
n. neglect	방치
n. law enforcement	법률 집행
n. authorities	당국, 관계자
adj. suspicious	의심스러운
adj. illegal (↔legal)	불법적인(↔합법적인)
adj. uncomfortable (↔comfortable)	불편한(↔편안한)
adj. respectful (↔disrespectful)	공손한(↔무례한)
adj. verbal (oral)	구두의
adj. psychological	정신적인
adj. confidential	기밀의
adj. private	사적인
adj. public	공공의
v. to accuse	비난하다
v. to file a complaint	고소하다
v. to pressure	압력을 가하다

Expressions

Where can I file a misconduct complaint?	위법 행위 신고는 어디서 할 수 있나요?
There is Safe Sport office in the Olympic Plaza.	올림픽 플라자에 세이프 스포츠 사무국이 있습니다.
You can report an incident online.	온라인으로 사건을 보고 할 수 있어요.
You can call our hot-line to make your report.	저희 상담 서비스를 통해 보고를 하시면 됩니다.
Something happened to me.	저한테 무슨 일이 생겼어요.
Can you explain what happened to you in as much detail as you can?	무슨 일이 있었는지 최대한 자세히 설명해 주시겠어요?
During treatment after training, the doctor harassed me.	훈련 후 치료 중에 의사가 저를 희롱했어요.
He touched parts of my body without my consent.	그가 저의 동의 없이 제 몸의 일부를 만졌어요.
He was trying to force me to take pills from the prohibited list.	그가 저에게 금지 목록에 포함된 약을 먹으라고 강요했어요.
He said that if I did not lose weight, I would be off the team.	그는 제가 체중을 줄이지 않으면 팀에서 제외될 것이라고 말했어요.
He offered me money to lose my next match.	그는 저에게 다음 시합에서 지라고 돈을 제안했습니다.
We will give your report to the corresponding authorities.	해당 관계자에게 우리는 당신의 보고서를 해당 당국에 제공할 것입니다.
Would you like to talk to a professional about it?	전문가와 상의해볼래요?
Let us know if there is something we can do for you.	저희가 도와드릴 일이 있으면 알려 주세요.
I would like to keep my name and report confidential.	제 이름과 신고를 비밀로 유지하고 싶어요.
We might call you back to ask you more questions.	추후 더 많은 질문을 하기 위해 다시 전화드릴 수도 있어요.

출처: Athlete365

대회 중(In-Competition)

1. 스포츠 필요사항(Sport Requirements)

Vocabulary

n. weigh-in	계체
n. scale	체중계
n. division	디비전
n. category	카테고리
n. underwear	속옷
n. reserve	예비 선수팀, 보결 선수
n. apparatus	장비
n. racket	라켓
n. paddle	패들
n. foil	플뢰레(펜싱 경기용 칼)
n. sabre	사브르(펜싱 경기용 칼)

n. epee	에페(펜싱 경기용 칼)
n. hockey stick	하키스틱
n. rifle	소총
n. pistol	권총
n. boxing gloves	복싱 글러브
n. ski	스키
n. bobsleigh	봅슬레이
n. board	보드
adj. embarrassed	쑥스러운, 어색한, 당황스러운
adj. naked	벌거벗은
adj. wrong	잘못된
adv. again	다시
adv. earlier (↔later)	(보통 · 예상 · 계획보다) 이른/빠른(↔나중에)
v. to weigh in	계체하다
v. to come back	돌아오다
v. to cut in line	새치기하다
v. to stay still	가만히 있다
v. to switch	바꾸다, 전환하다
v. to push (back)	밀치다
v. to look at	보다
v. to take off (↔put on)	벗다(↔입다)
v. to step on	밟다
v. to hide	숨다
v. to inspect	검사하다, 검진하다
v. to measure	측정하다

Expressions

Can I check the weigh-in schedule?	계체 일정을 확인할 수 있을까요?
Can I change my weigh-in turn?	제 계체 순서를 변경해도 되나요?
One of our players is not here yet.	우리 선수들 중 한 명이 여기에 없습니다.
Some of our players are picking up their equipment.	몇 명의 우리 선수들이 장비를 픽업하고 있습니다.
Can I weigh-in a bit earlier/later?	계체를 조금 일찍/늦게 진행해도 될까요?
I'd like to weigh in first because I have a meeting.	회의가 있어 첫 번째로 계체하고 싶습니다.
Please step on the scale now.	지금 체중계에 올라가주세요.
May I weigh my equipment?	제 장비 무게를 측정해볼 수 있을까요?
I'm here for your uniform inspection.	저는 유니폼 검사를 하러 왔습니다.
I'm here for the apparatus inspection.	저는 장비 검사를 받으러 왔습니다.
Please bring your apparatus for inspection after your turn in the competition.	경기 후 장비를 가져와서 검사받으세요.
Here is my pistol for inspection.	검사를 위한 제 권총입니다.
Please leave your boxing gloves in the designated area for inspection before your fight.	권투 글러브는 경기 전에 지정된 장소에 두어 검사받기 바랍니다.
Can we switch turns? I have a special meeting soon.	저희 순서를 바꿔도 괜찮을까요? 곧 중요한 회의가 있습니다.
You will be disqualified if you do not come at the designated time and place.	지정된 시간 및 장소에 오지 않으면 실격됩니다.
Your apparatus is heavier than the allowed weight.	당신의 장비는 허용된 무게보다 무겁습니다.
Your sabre is longer than the allowed dimensions.	당신의 사브르 길이가 허용된 크기보다 깁니다.
The shape of your pistol grip is not allowed.	당신의 권총 그립 모양은 허용되지 않습니다.
You have to change it, but it must be re-evaluated before your competition.	(권총 그립 모양을) 변경해야 하며, 대회 전에 재검사 받아야 합니다.

2. 이의제기 및 항의(Appeals / Complaints)

Vocabulary

n. protest	이의 제기, 항의
n. opponent	상대
n. replay	(경기 영상 등) 재생하다
n. penalty	불이익(패널티)
n. sanction	제재
n. point deduction	감점
n. false start	부정 출발
n. disqualification	실격
n. attack (↔defense)	공격(↔수비)
n. decision (resolution)	결정
n. protest form	이의신청서
n. consideration	고려사항
adj. fair (↔unfair)	공평(↔불공평)
adj. intentional (↔unintentional)	고의로 한(↔고의가 아닌)
adj. flagrant	노골적인, 명백한
v. to fall	넘어지다
v. to foul	파울하다, 반칙하다
v. to block	막다, 방해하다
v. to get a point	점수를 획득하다
v. to admit	인정하다
v. to submit	제출하다
v. to complete	완료하다
exp. on purpose	고의로, 일부러

Expressions

Wasn't that a foul play?	저 행동은 부정행위 아니었나요?
That player fouled.	저 선수는 파울(반칙)을 했습니다.
The player in lane 7 made a false start.	7번 레인의 선수가 부정 출발을 했어요.
The opponent pushed my player on purpose.	상대편 선수가 우리 선수를 일부러 밀었어요.
My player fell because of the opponent's dangerous attack.	상대편 선수의 공격으로 우리 선수가 넘어졌어요.
That was a flagrant foul!	그것은 명백한 파울(반칙)이었어요.
How is this a foul?	이게 어떻게 파울(반칙)이죠?
I didn't hold the opponent.	저는 상대편 선수를 잡지 않았어요.
If you keep shouting at me, I will have to penalize you.	계속 소리 지르면 처벌할 수 밖에 없어요.
My team's score is wrong.	저희 팀 점수가 잘못된 것 같습니다.
Please double-check.	다시 확인해주세요.
I request a video replay.	VR 판독을 요청합니다.
I'd like to protest about the match result.	경기 결과에 대해 이의 제기를 하고자 합니다.
How/Where can I protest?	이의 제기를 어떻게/어디서 할 수 있나요?
Who can I protest to?	이의 제기를 누구에게 할 수 있나요?
Please fill in the protest form.	이의 신청서를 작성해주세요.
Describe the reason for protest in detail.	이의제기 사유를 상세하게 기술해 주세요.
You must submit the protest form within fifteen minutes after the competition.	경기 후 15분 아내에 이의 신청서를 제출하셔야 합니다.
I ask for your careful consideration.	신중하게 고려해 주시길 요청 드립니다.
Can you reconsider?	다시 한번 고려해 주실 수 있나요?
I hope the decision is fair for both teams.	판정 결과가 두 팀 모두에게 공평하기를 바랍니다.

3. 의료 서비스(Medical Services)

Vocabulary

n. emergency	비상
n. first aid kit	구급상자
n. injury	부상
n. ligament	인대
n. tendon	힘줄, 건
n. bone	뼈
n. muscle	근육
n. pain	통증
n. headache	두통
n. stomachache	복통
n. fatigue (=exhaustion, tiredness)	피로
n. sore throat	인후염, 인두염
n. clinic	진료소, 클리닉
n. surgery	수술
adj. sore	아픈, 화끈거리는
adj. numb	감각이 없는
adj. swollen	부은
adj. broken	부러진
adj. dizzy	어지러운
v. to sprain	삐끗하다, 접지르다
v. to give first aid	응급처치를 하다
v. to tear	찢다
v. to be hospitalized	입원하다

Expressions

Please tell me what happened.	무슨 일이 있었는지 말해주세요.
Please tell me where it hurts.	어디가 아픈지 알려주세요.
Can you show me where it hurts?	어디가 아픈지 보여줄 수 있나요?
Where does it hurt the most?	어디가 가장 아프세요?
I sprained my ankle when I tripped.	발을 헛디뎌서 발목을 삐끗했어요.
I think the bone is broken.	뼈가 부러진 것 같아요.
I think I tore my ligament.	인대가 찢어진 것 같아요.
I feel pain in my right elbow.	오른쪽 팔꿈치에 통증이 느껴져요.
I have a squeezing pain in my left calf.	왼쪽 종아리에 쥐어짜는 듯한 통증이 있어요.
There is a sharp pain in my neck.	목에 찌르는 듯한 통증이 있어요.
My legs are sore.	다리가 아파요.
My wrist hurts badly.	손목이 너무 아파요.
I can't feel my fingers.	손가락에 감각이 없어요.
Someone from the other team kicked my left leg when defending.	상대팀 누군가가 수비할 때 제 왼쪽 다리를 찼어요.
The opponent hit my cheek with her elbow.	상대편이 팔꿈치로 제 뺨을 때렸어요.
I stepped on her foot and sprained my ankle.	제가 상대편의 발을 밟고 발목을 삐었어요.
I fell and pulled a muscle in my calf.	넘어져서 종아리 근육이 늘어났어요.
I feel dizzy.	어지러워요.
How are you feeling?	좀 어떠세요?
What are your symptoms?	어떤 증상이 있나요?
I feel like I want to throw up.	토할 것 같아요.
When did you start feeling nauseous?	언제부터 속이 울렁거리기 시작했어요?
I think I have a fever and dry cough.	열이 나고 마른 기침이 나오는 것 같아요.
Please do not have contact with other people.	다른 사람과 접촉하지 마세요.

4. 약 처방(Pharmacy & Prescription Medication)

Vocabulary

n. pharmacy	약국
n. bandage	붕대
n. plaster (band-aid)	반창고
n. prescription	처방전
n. medicine (medication)	약
n. drugs	마약류
n. pills (tablets)	알약
n. ointment (cream)	연고(크림)
n. painkiller	진통제
n. muscle relaxant	근육 이완제
n. antibiotics	항생제
n. steroid	스테로이드
n. overdose	과다 복용
n. side-effect	부작용
adj. anti-inflammatory	소염제
adj. sensitive	민감한
adj. drowsy	졸리게 하다
adj. prohibited	금지된
v. to contain	함유되어 있는
v. to affect	영향을 미치는
v. to bleed	피를 흘리는
exp. as proof	증거로
exp. over-the-counter	처방전 없이 살 수 있는

Expressions

Do you have painkillers?	진통제 있어요?
I'd like to get some medicine for my muscle pain.	근육통 약을 받고 싶어요.
Will this one cause me any side-effects?	이것은 부작용을 일으키나요?
I am on medication.	저는 약물치료를 받고 있어요.
How long does it take to be effective?	효과가 나타나려면 얼마나 걸리나요?
Please don't prescribe me ibuprofen. I need something stronger.	이부프로펜이 아닌 더 강한 약을 처방해 주세요.
Will it make me feel drowsy?	이 약은 저를 졸리게 만들까요?
Can I take this while I'm on insulin?	인슐린 복용 중에 먹어도 되나요?
Is there anything I should avoid while taking this medication?	해당 약을 복용하는 동안 피해야 할 것이 있나요?
Does this medication include any prohibited substance from the World Anti-Doping Code?	세계도핑방지규약에 포함되는 금지 약물이 해당 약에 포함되어 있나요?
Please don't prescribe me any prohibited drugs.	금지 약물은 처방하지 말아주세요.
I cannot take any steroids.	스테로이드제는 복용할 수 없습니다.
Please check if there is a prohibited substance.	금지 약물이 포함되어 있는지 확인 부탁드립니다.
Can I check with my doctor before I buy it?	구입하기 전에 담당 의사와 확인해볼 수 있나요?
What are the ingredients of this drug?	이 약물의 성분은 뭔가요?
Does this ointment contain steroids?	이 연고는 스테로이드가 포함되어 있나요?
I'm an athlete, so I have to consider anti-doping regulations.	저는 운동선수라서 도핑 방지 관련 규정을 고려해야 해요.
Can I have a copy of my prescription?	처방전 한 부 받을 수 있을까요?
I need to send the prescription as proof.	증명을 위해 처방전을 보내야 해요.

5. 파라스포츠 고려사항(Para Sport Considerations)

Vocabulary

n. para athlete	장애인 선수
n. Paralympian	패럴림피언
n. person with a disability	장애가 있는 사람
n. physical impairment	신체장애
n. vision impairment (blind)	시각장애
n. hard of hearing (deaf)	청각장애
n. classifier	등급분류
n. quadriplegic	사지마비
n. wheelchair	휠체어
n. reduced mobility	교통약자
n. cognitive impairment	인지기능장애
n. braille	점자
n. movement	움직임, 운동, 이동
n. sensor	센서
n. incline	경사면
n. ramp	경사로
n. sign language	수어
n. athlete support personnel	선수지원요원
n. interpreter	통역사
n. guide	가이드
n. service animal	장애인 보조견
n. repair kit	수리 장비
n. prosthesis	(의족, 의안, 의치 같은) 인공기관

n. hearing aid	보청기
n. elevator	엘리베이터
n. crutches	목발
n. stereotypes	고정관념
n. awareness	알고 있는
n. empathy	공감
adj. accessible	접근 가능한
adj. assistive	도움이 되는
adj. adaptable	적응할 수 있는
adj. detectable	적발할 수 있는
adj. inclusive	포괄적인
adj. tactile	촉각을 이용한
adj. prosthetic	보철의
adj. clearly	분명히, 확실히
adj. respectful (↔disrespectful)	공손한(↔무례한, 실례되는)
v. to assist	돕다
v. to guide	안내하다
v. to instruct	지시하다, 가르치다
v. to assume	추정하다(추측하다)
v. to understand	이해하다
v. to clarify	명확하게하다
v. to struggle	고군분투하다
v. to offer	제안하다
v. to make sure	확실하게 하다
v. to grab	붙잡다

Expressions

I need your assistance.	당신의 도움이 필요합니다.
How may I assist you?	어떻게 도와드릴까요?
Do you know where the nearest ramp to access the building is?	건물로 진입할 수 있는 가장 가까운 경사로가 어딘지 아세요?
Do you have the schedule printed in braille?	점자로 표기된 일정표가 있나요?
Do you need help with your wheelchair?	휠체어 도움이 필요하신가요?
I will start pushing now.	이제 밀도록 하겠습니다.
No, thank you. I can do it by myself.	아니요, 괜찮습니다. 혼자서 할 수 있어요.
If you need my help, let me know.	제 도움이 필요하시면 말씀해 주세요.
Do you know where I can find the nearest bathroom?	가장 가까운 화장실이 어딘지 아세요?
You can find an accessible bathroom next to the medical room.	의무실 옆에 이용 가능한 화장실 있습니다.
Is there parking in this venue?	이 경기장에 주차장이 있나요?
The accessible parking is in the basement of the building.	이용 가능한 주차장은 건물 지하에 있습니다.
Can you explain to me how to get to the training center?	트레이닝 센터로 가는 방법을 설명해 주시겠어요?
I did not hear you well. Could you speak louder and slowly, please?	잘 못들었습니다. 더 크게 천천히 말씀해주시겠어요?
Let me know if you understand.	이해되면 알려주세요.
I can take you there. Please grab my elbow.	제가 그곳까지 데려다 드릴게요. 제 팔꿈치를 잡아주세요.
Can you walk a bit slower, please?	좀 천천히 걸어주시겠어요?
We are approaching a set of stairs. There are 14 steps.	계단에 가까워지고 있으며, 14개의 계단이 있습니다.
Do you want me to write it down for you?	적어드릴까요?

Meeting a person with a disability
장애인을 만날 경우

Always address the person directly.
장애인과 만날 경우 항상 그 사람에게 직접적으로 말하세요.

Do not speak to somebody accompanying a person with a disability about an issue concerning the person with a disability.
장애인과 관련된 문제에 대해 장애인을 동반 한 사람과 이야기하지 마세요.

Ensure the way you address people with a disability is respectful.
장애인과 만날 때 항상 존중해야 합니다.

Listening to a person with a disability
장애인의 말을 들을 경우

If the person has a learning impairment or speech impairment, be aware that it may be necessary to wait longer than you are used to for them to get their point across.
지적장애인 또는 언어장애인과 대화할 경우, 요점을 이해하려면 보다 더 오랜 시간이 소요될 수 있다는 점을 유념하세요.

Never finish someone's sentences for them, even if they have a speech impairment or learning impairment.
언어장애 및 지적장애가 있더라도 상대방의 문장을 대신하여 완성하지 마세요.

Take a step back, so that a person in a wheelchair doesn't strain their neck when they are looking up at you.
휠체어를 탄 사람이 당신을 올려다볼 때 목에 무리가 가지 않도록 한 발짝 뒤에 서서 이야기를 들으세요.

Always listen carefully and patiently to what the person is saying.
항상 상대방의 이야기를 경청하고 인내심 있게 경청하세요.

If you have not understood them the first time, do not be afraid to ask them to repeat themselves for you.
한 번에 이해하지 못했을 경우, 주저하지 말고 다시 말해달라고 요청하세요.

If necessary, repeat back to them what you think they have said to make sure that you've heard them correctly.
필요한 경우, 상대방이 한 말을 반복하여 올바르게 이해했는지 확인하세요.

Talking to a person with a disability
장애인과 대화하는 경우

People with a hearing impairment may need to lip read. If so, face the customer directly and do not conceal your face when you speak.
청각장애인과 이야기할 경우 입 모양을 읽는 경우도 있음으로 직접 마주 보고 말할 때 얼굴을 가리지 마세요.

Be aware that bright sunlight or shadow can obscure expressions, making lipreading difficult.
밝은 빛 또는 그림자가 표정을 모호하게 만들어서 입 모양을 읽기 어렵게 할 수 있음을 유의하세요.

Speak clearly at your normal speed and tone of voice, unless the person specifically asks you to speak louder or slower. Move to a quieter location or shut the doors.
특별히 더 크게 또는 느리게 말해달라고 요청하지 않는 한, 기본 속도 및 어조로 알아듣기 쉽게 말하세요. 필요할 경우, 조용한 곳으로 이동하거나 문을 닫으세요.

Use straightforward, short sentences.
간단하고 짧은 문장을 사용하여 대화하세요.

If the person has not understood you, do not be afraid to repeat what you have said. Try rephrasing and check if the person understands you.
상대방이 이해하지 못할 경우 반복하여 이야기하는 것을 두려워하지 마시고 반복하여 말하고 이해했는지 물어보세요.

It particularly helps some hearing–impaired people, and people with learning difficulties, to use hand gestures to clarify your message. Using a map to show directions also helps.
일부 청각장애인 및 지적장애인과 이야기할 때 손을 사용하면 메시지를 명확하게 전달하는데 도움이 되며, 지도를 활용하여 이동 방향을 설명하면 도움이 됩니다.

If you have not been understood, offer to communicate with a pen and paper instead.
상대방이 대화를 이해하지 못 할 경우 펜과 종이를 활용하여 이야기를 이어나갈 것을 제안합니다.

Use positive sentence construction.
긍정적인 어투를 사용하여 대화하세요.

Assisting a person with a disability
장애인을 보조하는 경우

There are few instances where this will be necessary but it is vital to understand what to do and what not to do when called upon.

장애인을 보조하는 경우는 거의 없지만, 필요한 경우 무엇을 해야 하고 무엇을 하지 말아야 하는지를 이해하는 것이 중요합니다.

Do not assume that a person with a disability needs assistance because they have disability.

장애인이 '장애인이므로 도움이 필요할 것'이라는 가정을 하지 마세요.

What looks like a struggle to you may simply be someone managing perfectly adequately at their own pace, in their own way. Always ask first, and if help is not required then simply accept the response. Do not impose your assistance and do not take offence if your offer is refused.

당신이 힘겨워 보이는 것이 장애인들이 자신의 속도에 맞춰 자신의 방식대로 해결하는 것일 수 있으므로 돕기 전에 항상 그가 도움이 필요한지 먼저 물어보고 도움을 강요하지 말고 그가 도움을 거절해도 기분 나쁘게 받아들이지 마세요.

Never touch a person with a disability, or their mobility aid, without their permission. It is impolite and may affect their balance.

장애인 또는 장애인의 이동 수단 보조 장치를 허락 없이 만지지 마세요. 이는 무례하고 그들의 균형 감각에 영향을 미칠 수 있습니다.

Be proactive and offer assistance if you think it is required.

도움이 필요해 보이는 경우 주도적으로 먼저 도움이 필요한지 먼저 물어보세요.

If someone needs assistance to the seating area or other facilities in the venue, you can call on your Team Leader for assistance if you are unable to leave your position.

당신이 자리를 비울 수 없고 장애인이 좌석 구역 및 행사장의 기타 시설 이용에 도움이 필요할 경우, 팀 리더에게 도움을 요청하세요.

출처: 국제패럴림픽위원회(IPC)

6. 미디어 트레이닝(기자회견 및 인터뷰)
Media training(Press Conferences & Interviews)

Vocabulary

n. press conference	기자 회견
n. interview	인터뷰
n. microphone	마이크
n. recorder	녹음기
n. reporter (journalist)	리포터(기자)
n. interpreter	통역사
n. translation	번역
n. rival	경쟁자
n. shame	수치심
n. support	지지(서포트)
n. teamwork	팀워크
n. technique	기술
n. tactic	전술, 전략
n. spectators	관중
n. fans (supporters)	팬(지지자)
n. family	가족
n. coach	코치
n. performance	퍼포먼스, 성과, 성능
n. win	우승
n. victory	승리
n. champion	챔피언
n. title	타이틀

n. points	점수
n. atmosphere	분위기
adj. impressive	인상적인
adj. perfect	완벽한
adj. hard (←easy)	어려운(↔쉬운)
adj. speechless	말을 못 하는
adj. satisfied (↔dissatisfied, unsatisfied)	만족하는(↔만족하지 않는)
adj. unconditional	무조건적인
adv. together	함께
v. to focus	집중하다
v. to prepare	준비하다
v. to work out	운동하다
v. to work well	기능/작동이 잘되다
v. to do one's best	최선을 다하다
v. to be honored	명예로운
v. to give up	포기하다
v. to appreciate	감사하다
v. to be proud	자랑스러운
v. to gain	얻다
v. to win	이기다
v. to tie	비기다
v. to lose	지다
exp. regardless of	~에도 불구하고
exp. thanks to	~의 덕분에
exp. in shock	충격에 빠지다

Expressions

What did you think of today's match?	오늘 경기에 대해 어떻게 생각하나요?
Talk me through the race.	시합에 대해 설명해 주세요.
What happened last minute? Can you explain in detail?	마지막 순간에 무슨 일이 일어났나요? 자세히 설명해 주실 수 있나요?
What did you focus on when training for this fight?	이 시합을 위해 훈련할 때 무엇을 중점적으로 준비했나요?
What gave you the edge over your opponent?	어떤 부분에서 상대편보다 유리하게 만들었나요?
The last fifteen seconds were very close. Can you walk me through them?	마지막 15초는 매우 접전이었습니다. 관련하여 설명해 줄 수 있나요?
Player X and I had a close race for the first place.	X 선수와 저는 1위 자리를 놓고 접전을 벌였습니다.
What we prepared was executed well in the game.	우리가 준비한 것은 경기에서 잘 수행되었습니다.
I am very happy with the results.	저는 결과에 매우 만족합니다.
I am satisfied with our performance tonight.	오늘 밤 퍼포먼스에 만족합니다.
The team works really well together.	팀이 정말 잘 협력했습니다.
I was nervous because these are my first Olympic Games.	이번 올림픽이 저의 첫 올림픽이라 긴장했습니다.
The atmosphere was perfect.	분위기는 완벽했습니다.
The fans were incredible tonight.	오늘 밤 팬들은 놀라웠습니다.
It was not easy because everyone brought their best to the competition.	모두가 그 대회에서 최고의 성적을 거두었기 때문에 쉽지 않았습니다.
It's a shame that I couldn't land my run the way I wanted to.	내가 원하는 대로 착지하지 못해서 아쉽습니다.
My routine was not perfect, but now I know what I need to work on.	제 루틴은 완벽하지 않았지만, 이제는 무엇을 해야 할지 알게 되었습니다.
How do you feel about the result?	결과에 대해 어떻게 생각하세요?

What are you feeling right now after winning gold?	금메달을 딴 후 지금 기분이 어떠세요?
What would you like to say to your Korean supporters?	한국 팬들에게 전하고 싶은 말이 있나요?
I'm happy with my performance.	저는 제 퍼포먼스에 만족합니다.
It was a perfect match.	이는 완벽한 시합이었습니다.
It was a hard match, but we pushed through and won!	힘든 시합이었지만 우리는 끝까지 해내서 이겼습니다.
I feel honored to win the gold medal.	금메달을 따게 되어 영광입니다.
I am speechless. I don't know what to say.	저는 할 말을 잃었습니다. 무슨 말을 해야 할지 모르겠습니다.
I can't believe this is happening!	이런 일이 일어나다니 믿을 수 없어요!
We never gave up and this is the result.	우리는 절대 포기하지 않았고 이것이 결과입니다.
I want to thank my fans for their unconditional support.	팬들의 무조건적인 성원에 감사를 표하고 싶습니다.
I want to thank my teammates because this was a group effort.	이는 단체의 노력 덕분이었기에 팀원들에게 감사를 표하고 싶습니다.
I would like to thank my coach and my family.	코치와 가족에게 감사 인사를 전하고 싶습니다.
I couldn't have done this without my coach.	저는 코치 없이는 해낼 수 없었을 거예요
I want to dedicate this award to my parents.	저는 이 상을 부모님께 바치고 싶습니다.
I want my country to feel proud of me.	저는 조국이 저를 자랑스러워하길 원합니다.
I will do my best to have better results next time.	다음에는 더 좋은 결과가 나오도록 최선을 다하겠습니다.
Would you like to say something to the fans?	팬분들께 한마디 해주시겠어요?
Please show us your love and support.	많은 사랑과 성원을 부탁드립니다.
Our team would like to thank all our fans for standing by us and cheering us.	우리 팀은 우리 곁에 서서 우리를 응원해 준 모든 팬들에게 감사 인사를 전하고 싶습니다.

7. 시상식(Award Ceremonies)

Vocabulary

n. ceremony	시상식(세리머니)
n. podium	시상대, 단상
n. first/second/third place	1/2/3등
n. gold medal	금메달
n. silver medal	은메달
n. bronze medal	동메달
n. Olympic champion	올림픽 챔피언
n. Paralympic champion	패럴림픽 챔피언
n. announcement	발표, 소식
n. run-down	설명
n. trophy	트로피
n. cash prize	상금
n. prize money	상금
n. check	수표
n. medal case	메달 케이스
n. full name	성명(성과 이름 모두)
v. to drop by	들르다, 불시에 찾아가다
v. to be called	불리다
v. to receive	받다
v. to stand	서다
v. to return	반납하다
exp. in order	순서대로
exp. at once	한 번에

Expressions

Where is the medal ceremony going to be held?	메달 시상식은 어디서 진행되나요?
The medal ceremony will be held in the medal plaza.	시상식은 메달 플라자에서 진행될 예정입니다.
Can you give the run-down of the medal ceremony?	시상식의 개요를 말해줄 수 있나요?
Please go near the medal podium in the center of the rink.	링크장 중앙에 있는 메달 시상대 근처로 가주세요.
Please get on the podium after your name is called.	이름이 호명된 후 시상대에 올라가주세요.
Do you have medal cases?	메달 케이스가 있나요?
You can get a medal case at the information desk after the ceremony.	메달 케이스는 시상식이 끝난 후 안내 데스크에서 받을 수 있습니다.
I received wrong medal.	메달을 잘 못 받았습니다.
I'd like to know the process for receiving the cash prize.	상금 수령 절차를 알고 싶습니다.
May I have your AD card?	당신의 AD 카드를 주시겠어요?
You have to fill this form and include your bank account information.	이 서류를 작성하고 은행 계좌 정보를 포함해야 합니다.
Please sign the receipt.	영수증에 사인해 주세요.
When can I expect to receive the prize money?	상금은 언제 수령할 수 있나요?
You may receive your prize money starting from next week.	다음 주부터 수령할 수 있습니다.
How can I get the competition videos?	경기 영상은 어떻게 수령할 수 있나요?
Competition videos can be found on our streaming platforms.	경기 영상은 스트리밍 플랫폼에서 찾을 수 있습니다.
Please stand still so we can take a picture.	저희가 사진을 찍을 수 있도록 가만히 서 계세요.
Please give a big around of applause for the Olympic/Paralympic champions.	올림픽/패럴림픽 챔피언에게 큰 박수를 보내 주세요.

8. 도핑 관리(Doping Control)

Vocabulary

n. Doping Control Officer (DCO)	도핑 검사관
n. doping control station	도핑 관리실
n. chaperone	샤프롱(도핑검사 동반인)
n. notification	알림
n. anti-doping	도핑 방지
n. photo ID	사진이 부착된 신분증
n. identification	신원 확인
n. TUE (Therapeutic Use Exemption)	치료목적사용면책
n. urine	소변
n. blood	혈액
n. sample	시료
n. collection kit	채취 키트
n. vessel	용기, 통
n. exemption form	면책 서류
n. milliliter	밀리리터
n. needle shots (injection)	주사
n. supplements	보충제, 영양제
n. considerations	고려 사항
adj. thirsty	목이 마른
adj. nervous	불안해(초조해/두려워) 하는
adj. diluted	희석된
adv. beforehand	사전에, 미리
v. to be selected	~로 선정되다

v. to be notified	통지를 받다, 통보를 받다
v. to sign	서명하다
v. to change	바꾸다
v. to follow	따라가다
v. to be observed	관찰되다
v. to pull down	~을 내리다
v. to roll up	(소매 등) 걷어 올리다
v. to pour	(액체 등) 붓다
v. to remove	제거하다
v. to seal	밀봉하다
v. to choose	고르다, 선택하다
v. to retake	(시험, 검사 등) 다시하다
exp. at all times	항상(언제나)
exp. out-of-competition	경기기간 외
exp. in-competition	경기기간 중

Expressions

Hello. May I check your accreditation?	안녕하세요. AD 카드 확인 할 수 있을까요?
Do you have an official photo ID with you?	사진이 부착된 신분증을 갖고 계시나요?
You have been selected for a doping control test.	도핑검사 대상자로 선정되었습니다.
I will be your chaperone.	제가 당신의 샤프롱(도핑검사 동반인)입니다.
I must follow and observe you at all times.	저는 항상 당신을 따라다니며 지켜봐야 합니다.
These are your rights and responsibilities.	이것들이 당신의 권리 및 역할입니다.
Please read them carefully and sign the notification form.	도핑검사서의 통지 부분을 자세히 읽어보시고 서명해 주세요.

If you have any questions, let me know.	궁금한 사항이 있으면 알려주세요.
I will write down the time.	제가 시간을 적겠습니다.
I will take you to the doping control station.	도핑관리실까지 제가 데려다 드리겠습니다.
I'd like to take a shower beforehand.	그전에 샤워를 먼저 하고 싶어요.
You are not allowed to take a shower.	샤워를 할 수 없습니다.
Let me know when you're ready.	준비되시면 알려주세요.
I'm ready. I need to notify my coach.	저는 준비되었습니다. 제 코치님께 통지해야 합니다.
You have the right to be accompanied by someone during the test.	검사 중 누군가가 동행할 권리가 있습니다.
Can I drink water? I am thirsty.	지금 목이 말라서 물 좀 마셔도 될까요?
You may drink up to three bottles of water.	물 세 병까지 마실 수 있습니다.
Can I have a sports drink instead of water?	물 대신 스포츠음료를 마셔도 될까요?
You may but water is recommended.	(스포츠음료) 마셔도 되지만 물을 권장합니다.
You need to provide a urine sample.	소변 시료가 필요합니다.
I don't think I can do it right now. I'll drink some water and wait.	지금 바로는 힘들 것 같아서 물을 좀 더 마시고 기다리겠습니다.
You need to fill out some forms before taking the test.	(도핑) 검사 전에 몇 가지 서류를 작성해야 합니다.
Please write down any medication you have taken over the past 14 days.	지난 14일 동안 복용한 모든 약을 적어주세요.
Please wash your hands, pull your pants down to your knees and put your shirt up to your waist.	손을 씻으시고 바지를 무릎까지 내려주시고 셔츠를 허리까지 올려주세요.
Do not obstruct the view while providing the sample.	(도핑) 시료를 채취하는 동안 시야를 가리지 마세요.
We need around 100 milliliters of urine.	100ml 정도의 소변이 필요합니다.

If you provide more than the necessary amount, put the cup away and continue urinating.	만약에 필요한 양 이상을 제공한다면 컵을 치우고 계속해서 소변을 보세요.
Put your clothes back on, wash your hands and close the urine collection cup.	옷을 다시 입고 손을 씻고 소변 시료채취 용기를 밀봉해 주세요.
Please make sure the sample code numbers of your collection kit match in both bottles and the box.	시료채취 키트의 고유 번호가 용기 및 상자와 모두 일치하는지 확인하시오.
I will write down the number in the test form.	검사서에 고유 번호를 적어 놓을게요.
We will now divide your sample between the two bottles.	이제 시료를 두 병으로 나누겠습니다.
Begin pouring the urine until I tell you to stop.	제가 중단시킬 때까지 소변을 부어주세요.
Make sure the lids are securely fastened.	뚜껑이 단단히 고정되었는지 확인하세요.
Do the same thing for both bottles and place them on the table.	두 병 모두 똑같이 해서 책상 위에 올려놓으세요.
I will now flip the bottles to verify that they are sealed properly.	이제 제가 병을 뒤집어서 제대로 밀봉되었는지 확인하겠습니다.
Next, I will check your sample's concentration (specific gravity).	다음으로 시료의 농도를 확인하겠습니다.
This will show if your sample has the needed concentration.	시료의 적정 농도가 충족되는지 확인해 줍니다.
If the sample is not in the required range, you will need to provide a second sample.	만약 요구되는 적정 농도 범위에 있지 않으면 두 번째 시료를 주셔야 합니다.
Your sample has completed the required concentration.	제공해 주신 시료가 적정 농도에 충족됩니다.
Your sample is too diluted. You will need to provide a second sample.	제공해 주신 시료가 희석되어 있어, 두 번째 시료를 주셔야 합니다.
Please check the form and verify that all information is correct.	검사서를 확인하고 모든 정보가 올바른지 확인해 주세요.
Once you finish, please sign the form.	(확인을) 마치면 검사서에 서명해 주세요.
I will place everything in a sealed bag.	모든 것을 봉인된 봉투에 보관하겠습니다.

Athletes' Rights
선수의 권리

The right to have an athlete representative
선수대리인을 동반할 권리

The right to accompany an interpreter
통역을 동반할 수 있는 권리

The right to ask for additional information about the sample collection process
시료채취 절차에 대하여 설명 받을 권리

The right to request for modification (athletes with impairments)
장애인 선수에 대한 절차의 조정을 요청할 수 있는 권리

The right to request for process adjustment (minor athletes)
미성년 선수에 대한 절차의 조정을 요청할 수 있는 권리

The right to ask for permission to delay the test (if an athlete has reasonable circumstances)
합당한 사유가 있을 경우, 도핑 관리실 도착 연기 허가를 신청할 수 있는 권리

Athletes' Responsibilities
선수의 책임

Remain within a continuous observation of the Doping Control Officer(DCO) or the Chaperone until an athlete arrives at the Doping Control Office.
선수가 도핑관리실에 도착할 때까지 도핑검사관(DCO, Doping Control Officer) 또는 샤프롱 (Chaperone)의 직접적인 감시하에 머물러야 한다.

Provide the first sample after the notification as it should be witnessed by the doping control officers or chaperones. (with same gender as athlete)
제공되는 동안 동성(Same Gender)의 도핑검사관 또는 샤프롱에 의해 감시되며, 통지 후 첫 번째 시료가 채취되어야 한다.

Present your athlete's ID to verify your identity.
신분증을 제시하여 본인 확인이 되어야 한다.

Check the location of the Doping Control Station.
도핑관리실 위치를 확인하여야 한다.

Comply with the requirements of Testing.
도핑검사 요구사항의 거부, 비준수는 도핑방지규정 위반으로 고려될 수 있다.

Be on time at the Doping Control Station except for the case that athletes get permission from the DCO due to reasonable reasons.
합당한 사유가 있어 도핑검사관이 허가한 경우를 제외하고, 가능한 조속히 도핑관리실에 도착하여야 한다.

출처: 한국도핑방지위원회(KADA)

코로나19와 스포츠(COVID-19 & Sport)

Vocabulary

n. PCR test (Polymerase Chain Reaction)	유전자검사(RT-PCR)
n. antigen test	신속항원검사
n. symptoms	증상
n. temperature check	체온 측정
n. sanitiser	소독제
n. vaccine	백신
n. type	종류
n. pain	통증
n. dose	투여량
n. waiting number	대기 번호
n. procedure	절차
n. side effects	부작용
n. mask	마스크

n. distance	거리
n. quarantine	격리
n. contact	접촉, 연락
adj. painful	고통스러운
adj. careful	조심하는
adj. physical	육체적
adj. social	사회적인
adj. close	가까운
adj. shared	공유된
adj. crowded (↔uncrowded)	붐비는(↔붐비지 않는)
v. to register	등록하다
v. to list	열거하다
v. to notify	알리다
v. to wear	입다
v. to minimise	최소화하다
v. to avoid	피하다
v. to remain	남아있다
v. to trace	추적하다
v. to wash	씻다
v. to ventilate	환기하다
v. to disinfect	소독하다
v. to support	지원하다
adv. regularly	정기적으로
adv. constantly	끊임없이

Expressions

I tested positive yesterday.	어제 양성판정 나왔습니다.
Where can I get tested?	어디서 검사 받을 수 있나요?
Where can I get my vaccination certificate printed?	백신접종증명서 어디서 프린트 가능한가요?
What should I do if I have COVID-19 symptoms?	코로나19 증상이 있으면 어떻게 해야 하나요?
I think I have COVID-19 symptoms.	저 코로나19 증상이 있는 것 같아요.
I am fully vaccinated.	저는 백신 접종을 완료했습니다.
I got the third dose of COVID-19 vaccine on Monday.	저는 월요일에 3차 백신 접종을 했습니다.
How many confirmed cases are there so far?	지금까지 확인된 확진자는 몇 명인가요?
I was isolated in the hotel.	저는 호텔에 격리되었습니다.
It is mandatory to wear a mask inside.	실내에서는 반드시 마스크를 착용해야 합니다.
Wash your hands under running water for at least 20 seconds.	흐르는 물에 20초 이상 손을 씻으세요.
You should avoid places with large crowds.	사람이 많이 모이는 곳을 피해야 합니다.
After arrival, I was taken to quarantine facility.	저는 도착 후 격리시설로 이동되었습니다.
Avoid physical contact, including hugs and handshakes.	포옹이나 악수를 포함한 신체 접촉을 피해야 합니다.
Keep two metres distance from athletes.	선수와 2m 거리두기하세요.
If you experience any symptoms, get a test and isolate.	증상이 나타나면 검사를 받고 격리하세요.
Wash your hands regularly and use hand sanitisers where available.	정기적으로 손을 씻고 가능하면 손세정제를 사용하세요.
Cough into your mask, sleeve or tissue.	마스크, 소매, 휴지에 기침을 하세요.
Ventilate rooms and common spaces every 1 hour.	1시간마다 방과 공용공간을 환기시키세요.
Wear a mask at all times.	마스크를 항시 착용하세요.
Wash your hands regularly.	정기적으로 손을 씻으세요.

Use hand sanitiser.	손 세정제를 사용하세요.
Keep physical interactions to a minimum.	물리적 상호 작용을 최소화하세요.
Avoid crowded places.	붐비는 곳을 피하세요.
Keep your distance from others.	다른 사람들로부터 거리를 두세요.
Do not use public transport.	대중교통을 사용하지 마세요.
Avoid used shared items where possible.	가능하면 공유 물품을 사용을 자제하세요.
Disinfect surfaces and personal items.	표면 및 개인 물품을 소독하세요.
Ventilate closed areas every 30 minutes.	밀폐된 공간은 30분마다 환기하세요.
Get an English certificate of your results.	영문 검사 결과 확인증을 받으세요.
You will be tested multiple times during the event.	이벤트 개최 동안 여러 번의 테스트를 받게 됩니다.
Please notify if you experience any symptoms.	증상이 있으면 알려주세요.
If your test is positive, you will need to quarantine and follow local health rules.	검사가 양성이면 격리하고 현지 보건 규정을 따라야 합니다.
You will be required to have medical insurance.	의료보험 가입이 필수적으로 요구됩니다.
Prepare a list of people with whom you will spend time regularly.	정기적으로 만날 사람들을 목록을 준비하세요.
Monitor your health before, during and after the competition.	경기 전, 경기 중, 경기 후 건강 상태를 모니터링하세요.
Download the app and turn on the Bluetooth to trace your location.	앱을 다운로드하고 블루투스를 켜서 위치를 추적하세요.
You are required to quarantine on arrival for three days.	도착 후 3일간 격리해야 합니다.
Disinfect your equipment or mobility devices constantly.	장비 또는 이동 수단을 지속적으로 소독하세요.
Have your temperature checked every time you enter the venue.	경기장 입장할 때마다 체온을 측정하세요.
If you are a close contact of someone who tested positive, isolate yourself until you take any type of COVID-19 test.	양성 반응을 보인 사람과 밀접 접촉할 경우, 어떤 종류의 코로나19 검사를 받을 때까지 자가격리를 하세요.

Eat meals keeping a two meter distance away from others.	2미터 거리를 두고 식사하세요.
Do not visit tourist areas, shops, restaurants, bars, gyms, etc.	관광지, 상점, 식당, 술집, 헬스장 등을 방문하지 마세요.
Avoid shouting, cheering and/or singing.	소리 지르거나 응원하기 또는/그리고 구호 외치는 것을 피하세요.
Follow local COVID-19 regulations when you travel.	여행 시 현지 코로나19 규정을 따르세요.
Do not move the transparent screens from their original place.	투명 가림막을 원위치에서 옮기지 마세요.

Part 3

국제스포츠
정보

Chapter 5

국제스포츠 공식 명칭

우리가 알고 있는 동·하계 올림픽, FIFA 월드컵, 세계육상선수권대회 외에도 많은 국제스포츠 이벤트가 존재한다. 거의 매일 전 세계에서는 종목별, 대륙별, 지역별로 다양한 국제스포츠 이벤트가 개최된다고 해도 과언이 아니다. 각각의 국제스포츠 대회는 국제올림픽위원회 및 국제패럴림픽위원회를 비롯해 종목별 경기연맹과 연합기구(국가올림픽위원회총연합회, 국제경기연맹총연합회, 아시아올림픽평의회 등)들이 주관하여 대회를 총괄적으로 운영하며, 각 대회의 세부종목 프로그램도 결정한다.

예를 들어, 올림픽대회 종목은 국제올림픽위원회 규정과 부칙에 따라 국제올림픽위원회 총회가 정한 종목 프로그램(the sports programme)과 집행위원회가 정한 세부종목 프로그램(the events programme)으로 구성되며, 각 올림픽대회의 올림픽대회조직위원회는 해당 대회에 1개 이상의 세부 경기를 추가로 제안할 수 있다. 2018년 전 세계에 가슴 벅찬 감동을 선사했던 '평창 동계올림픽'에서는 알파인스키: 혼성 단체전, 스노보드: 빅에어, 스피드스케이팅: 매스스타트, 컬링: 남녀 혼성 컬링 등 4개의 종목이 추가되었다.

더불어, 국제스포츠 관련 업무를 하다 보면 대회 현장 및 행정 업무 시에 다양한 약어를 접하게 된다. 특히, 1분 1초가 급한 대회 현장에서는 KISS(Keep it Short and Simple) 원칙에 따라 간결하고 단순하게 소통하기 위해 국제스포츠계에서 통용되고 있는 수많은 약어에 대한 숙지가 필요하다.

국제종합경기대회(International Sports Events)

1. 국제대회(International Sports Events)

Games of the Olympiad (Summer Olympic Games)	하계올림픽대회
Paralympic Games	하계패럴림픽대회
Winter Olympic Games	동계올림픽대회
Winter Paralympic Games	동계패럴림픽대회
Winter World University Games	동계세계대학경기대회
World University Games	하계세계대학경기대회
Winter Youth Olympic Games	동계청소년올림픽대회
Youth Olympic Games	하계청소년올림픽대회

2. 대륙별 대회(Continental Sports Events)

All-Africa University Games	올아프리카대학경기대회
African Beach Games	아프리칸비치게임
African Games	아프리칸게임
African Para Games	아프리칸패럴림픽게임

African Youth Games	아프리칸청소년게임
Asian Beach Games	아시안비치게임
Asian Games	아시안게임
Asian Indoor & Martial Arts Games	실내무도아시안게임
Asian Para Games	장애인아시안게임
Asian Winter Games	동계아시안게임
Asian Youth Games	청소년아시안게임
European Games	유러피언게임
European Youth Olympic Festival	청소년유러피언올림픽페스티벌
European Youth Olympic Winter Festival	청소년유러피언동계올림픽페스티벌
Junior Pan American Games	주니어팬아메리칸게임
Pacific Games	퍼시픽게임(태평양경기대회)
Pan American Games	팬아메리칸게임

3. 지역별 대회(Regional Sports Events)

Central American and Caribbean Games	중미카리브해경기대회
Central Asian Games	중앙아시아경기대회
Commonwealth Games	영연방경기대회(코먼웰스 게임)
Commonwealth Youth Games	청소년영연방경기대회
Games of the Small States of Europe	유럽소국경기대회
Jeux de la Francophonie – Games of the Francophone	프랑코포니(불어권) 경기대회
Mediterranean Beach Games	지중해비치게임
Mediterranean Games	지중해게임
South East Asian Games	동남아시아경기대회
South East Asian Para Games	동남아시아장애인경기대회
Pan Arab Games	팬아랍게임

4. 기타 대회

Gay Games	게이 게임
International Children's Games	국제청소년대회
International Children's Winter Games	국제청소년동계대회
Islamic Solidarity Games	이슬람 연대 게임
Invictus Games	인빅터스 게임
Military World Games	세계군인체육대회
Special Olympics Summer	하계스페셜올림픽대회
Special Olympics Winter	동계스페셜올림픽대회
Summer Deaflympics	하계데플림픽대회
Winter Deaflympics	동계데플림픽대회
World Beach Games	월드비치게임
World Games	월드게임

올림픽 및 패럴림픽 기능 영역
(Olympic and Paralympic Functional Areas)

1. 올림픽 및 패럴림픽 기능 영역

코드	영문	국문
ACM	Accommodation	숙박
ACR	Accreditation	등록
ACS	Accessibility	접근성
AND	Arrivals & Departures	입출국
BIL	Brand Identity & Look of the Games	브랜드 아이덴티티 및 대회 모습
BRP	Brand Protection	브랜드 보호
BRS	Broadcast Services	방송 서비스
BUS	Business Development	스폰서십 판매
CER	Ceremonies	의식 행사
CLA	Classification	등급분류
CNW	Cleaning & Waste	청소 및 쓰레기처리
COM	Communications	커뮤니케이션
CTY	City Operations	개최도시 운영
CUL	Cultures	문화
CCC	Communications, Command and Control	지휘 · 통제 및 커뮤니케이션

DIG*	Dignitary Program	고위관리(VIP) 프로그램
DOP	Doping Control	도핑관리
EDU	Education	교육
EVS	Event Services	이벤트 서비스
FIN	Finance	재정
FNB	Food & Beverage	식음료
GOV	Government Relations	정부 관계
IKM	Information & Knowledge Management	정보 및 지식관리
LAN	Language Services	언어 서비스
LGL	Legal	법률
LGY	Legacy	유산
LIC	Licensing	라이선싱
LIV	City Activities & Live Sites	개최도시 활동 및 라이브사이트
LOG	Logistics	로지스틱스(통관)
MED	Medical Services	의료 서비스
MPS	Marketing Partner Services	마케팅 파트너 서비스
NCS	NOC/NPC Services	NOC/NPC 서비스
NRG	Energy	에너지
OFS/PFS	Olympic (Paralympic) Family Services	올림픽/패럴림픽 패밀리 서비스
OPR	Operational Readiness	운영 준비
OTR/PTR	Olympic (Paralympic) Torch Relay	성화 봉송
PEM	People Management	인력 관리
PGI	Paralympic Games Integration	패럴림픽 통합
PNC	Planning & Coordination	기획 및 조정
PRC	Procurement	조달
PRS	Press Operations	프레스(언론 보도) 운영
PRT	Protocol	프로토콜(의전)
RSK	Risk Management	위기 관리
RTC	Rate Card	레이트 카드
SEC	Security	보안
SIG	Signage	사이니지

---

* DIG(고위관리 프로그램): 올림픽 및 패럴림픽 가족 서비스 기능 영역에 속하며, 특히 올림픽과 패럴림픽에 초대된 다른 나라 출신 인사들과 고위인사들의 환대를 담당한다.

코드	영문	국문
SPP	Sport Presentations	스포츠 프레젠테이션
SPT	Sport	스포츠(종목)
SPX	Spectator Experience	관중 서비스
SUS	Sustainability	지속 가능성
TEC	Technology	테크놀로지
TEM	Test Events Management	테스트이벤트 관리
TKT	Ticketing	티켓팅
TRA	Transport	수송
VEM	Venue Event Management	베뉴 이벤트 관리
VNI	Venues & Infrastructure	베뉴 및 인프라
VIL	Villages Management	선수촌 관리

출처: 2018평창동계올림픽대회및동계패럴림픽대회조직위원회(POCOG)

2. 국제올림픽위원회(IOC)/아시아올림픽평의회(OCA) 약어정리

약어	영문	국문
ABG	Asian Beach Games	아시안비치게임
AF	Asian Federation	아시아연맹
AG	Asian Games	아시안게임
AGF	Asian Games Federation	아시안게임연맹
AGOC	Asian Games Organising Committee	아시안게임 조직위원회
AIMAG	Asian Indoor & Martial Arts Games	실내무도아시안게임
AIOSF	Association of International Olympic Sports Federations	국제올림픽경기연맹연합회
AIOWF	Association of the International Olympic Winter Sports Federations	동계올림픽종목협의회
ANOC	Association of National Olympic Committees	국가올림픽위원회연합회
ANOCA	Association of National Olympic Committees of Africa	아프리카국가올림픽위원회연합회
ASOIF	Association of Summer Olympic International Federations	하계올림픽종목협의회
AWG	Asian Winter Games	동계아시안게임
AYG	Asian Youth Games	청소년아시안게임

BLR...	Olympic Charter Bye-law to Rule...	올림픽헌장 ...조 부칙
CAS	Court of Arbitration for Sport	스포츠중재재판소
EB	Executive Board	집행위원회
EOC	European Olympic Committees	유럽올림픽위원회
GA	General Assembly	총회
GAASF	General Association of Asian Sports Federations	아시아경기연맹총연합회
HCC	Host City Contract	개최도시계약서
HQ	Headquarters	본부
IF	International Federation*	국제경기연맹
IOA	International Olympic Academy	국제올림픽아카데미
IOC	International Olympic Committee	국제올림픽위원회
IPC	International Paralympic Committee	국제패럴림픽위원회
NOC	National Olympic Committee	국가올림픽위원회
OC	Olympic Charter	올림픽헌장
OCA	Olympic Council of Asia	아시아올림픽평의회
OCOG	Organising Committee for the Olympic Games	올림픽대회조직위원회
OGKM	Olympic Games Knowledge Management Programme	올림픽대회지식관리프로그램
ONOC	Oceania National Olympic Committees	오세아니아올림픽위원회
OS	Olympic Solidarity	올림픽 솔리다리티
PASO	Pan-American Sports Organisation**	팬아메리칸스포츠기구
R...	Olympic Charter Rule...	올림픽헌장 규정...조
WADA	World Anti-Doping Agency	세계도핑방지기구

* 현 명칭: International Sports Federation
** 현 명칭: Panam Sports Organisation
출처: 국제올림픽위원회(IOC), 아시아올림픽평의회(OCA)

스포츠 종목명(Sport/Discipline Official Name)

1. 올림픽 종목(Olympic Sports Programme)

1) 하계올림픽대회(Summer Olympic Games/Games of the Olympiad)

Sport (종목)	Discipline (세부종목)
Aquatics (아쿠아틱스)	Artistic Swimming (아티스틱 스위밍) Diving (다이빙) Marathon Swimming (마라톤 수영) Swimming (경영) Water Polo (수구)
Archery (양궁)	-
Athletics (육상)	Field (필드) Marathon (마라톤) Track (트랙)
Badminton (배드민턴)	-
Basketball (농구)	3x3 (3대3) Basketball (농구)
Boxing* (복싱)	-
Canoe (카누)	Slalom (슬라럼) Sprint (스프린트)

Cycling (사이클)	BMX Racing (BMX 레이싱) Mountain Bike (산악 자전거) Road (도로) Track (트랙)
Equestrian (승마)	Dressage (마장마술) Eventing (종합마술) Jumping (장애물)
Fencing (펜싱)	
Football (축구)	–
Golf (골프)	
Gymnastics (체조)	Artistic (기계체조) Rhythmic (리듬체조) Trampoline (트램펄린)
Handball (핸드볼)	
Hockey (하키)	
Judo (유도)	–
Modern Pentathlon* (근대5종)	
Rowing (조정)	
Rugby (럭비)	Rugby Sevens (7인제 럭비)
Sailing (요트)	
Shooting (사격)	
Table Tennis (탁구)	
Taekwondo (태권도)	–
Tennis (테니스)	
Triathlon (트라이애슬론)	
Volleyball (배구)	Volleyball (실내 배구) Beach Volleyball (비치발리볼)
Weightlifting* (역도)	–
Wrestling (레슬링)	Freestyle (자유형) Greco-Roman (그레코로만형)

* 복싱, 역도, 근대5종 종목은 2022년 제139회 IOC 총회에서 LA 2028 기초 종목에서 제외됨

* Tokyo 2020(도쿄 2020) 추가 종목

Sport (종목)	Discipline (세부종목)
Baseball/Softball* (야구/소프트볼)	-
Cycling (사이클)	BMX Freestyle (BMX 프리스타일)
Karate* (가라테)	Kata (품새) Kumite (대련)
Skateboarding (스케이트보딩)	-
Sport Climbing (스포츠클라이밍)	-
Surfing (서핑)	-

*도쿄 2020에 새롭게 추가되었지만 파리 2024에서 제외됨

* Paris 2024(파리 2024) 추가 종목

Sport (종목)	Event (세부경기)
Breaking* (브레이킹/브레이크댄스)	B-Boys (men's) (비보이/남자) B-Girls (women's) (비걸/여자)
Skateboarding (스케이트보딩)	Park (파크) Street (스트리트)
Sport Climbing (스포츠클라이밍)	Bouldering & Leed Combined (볼더링 리드 콤바인) Speed (스피드)
Surfing (서핑)	Shortboard (숏보드)

*파리 2024에 새롭게 추가된 종목

2) 동계올림픽대회(Winter Olympic Games)

* PyeongChang 2018(평창 2018)

Sport (종목)	Discipline (세부종목)
Biathlon (바이애슬론)	-
Bobsleigh (봅슬레이)	Bobsleigh (봅슬레이) Skeleton (스켈레톤)
Curling (컬링)	-
Ice Hockey (아이스하키)	-
Luge (루지)	-

Skating (스케이팅)	Figure Skating (피겨스케이팅) Short Track Speed Skating (쇼트트랙) Speed Skating (스피드스케이팅)
Skiing (스키)	Alpine Skiing (알파인 스키) Cross-Country Skiing (크로스컨트리 스키) Freestyle Skiing (프리스타일 스키) - *Aerials* (에어리얼) - *Halfpipe* (하프파이프) - *Moguls* (모굴) - *Ski Cross* (스키크로스) - *Slopestyle* (슬로프스타일) Nordic Combined (노르딕복합) Ski Jumping (스키점프) Snowboard (스노보드) - *Big Air** (빅에어) - *Cross* (크로스) - *Halfpipe* (하프파이프) - *Parallel Giant Slalom* (평행대회전) - *Slopestyle* (슬로프스타일)

*평창 2018에 새롭게 추가된 종목 및 세부경기

* Beijing 2022(베이징 2022)

Sport (종목)	Discipline (세부경기)
Biathlon (바이애슬론)	-
Bobsleigh (봅슬레이)	Bobsleigh (봅슬레이) - *2-man* (2인승 남자) - *4-man* (4인승 남자) - *2-woman* (2인승 여자) - *Women's Monobob** (모노봅 여자) Skeleton (스켈레톤)
Curling (컬링) Ice Hockey (아이스하키) Luge (루지)	-
Skating (스케이팅)	Figure Skating (피겨스케이팅) Short Track Speed Skating (쇼트트랙) Speed Skating (스피드스케이팅)

Sport (종목)	Discipline (세부종목)

Skiing (스키)	Alpine Skiing (알파인 스키)
	Cross-Country Skiing (크로스컨트리 스키)
	Freestyle Skiing (프리스타일 스키)
	  - *Aerials* (에어리얼)
	  - *Halfpipe* (하프파이프)
	  - *Moguls* (모굴)
	  - *Ski Cross* (스키크로스)
	  - *Slopestyle* (슬로프스타일)
	  - *Big Air* (빅에어)*
	Nordic Combined (노르딕복합)
	Ski Jumping (스키점프)
	Snowboard (스노보드)
	  - *Big Air* (빅에어)
	  - *Cross* (크로스)
	  - *Halfpipe* (하프파이프)
	  - *Parallel Giant Slalom* (평행대회전)
	  - *Slopestyle* (슬로프스타일)

*베이징 2022에 새롭게 추가된 세부경기

3) 아시안게임 종목(Asian Games Sports Programme)

* Hangzhou 2022(항저우 2022)

Sport (종목)	Discipline (세부종목)
Aquatics (아쿠아틱스)	Artistic Swimming (아티스틱 스위밍) Diving (다이빙) Marathon Swimming (마라톤 수영) Swimming (경영) Water Polo (수구)
Archery (양궁)	
Athletics (육상)	-
Badminton (배드민턴)	
Dance Sport (댄스스포츠)	Breaking* (브레이킹)
Baseball/Softball (야구/소프트볼)	Baseball (야구) Softball (소프트볼)
Basketball (농구)	5x5 (5대5) 3x3 (3대3)

Mind Sports (마인드 스포츠)	Chess (체스) Go (바둑) Bridge (브리지) Xiangqi (샹치/중국 장기) Esports* (이스포츠)
Boxing (복싱)	-
Canoe/Kayak (카누/카약)	Slalom (슬라럼) Sprint (스프린트)
Cricket (크리켓)	-
Cycling (사이클)	BMX (BMX 사이클) MTB (산악 자전거) Road (도로) Track (트랙)
Dragon Boat (드래곤보트) Equestrian (승마) Sports Climbing (스포츠 클라이밍) Fencing (펜싱) Football (축구) Golf (골프)	-
Gymnastics (체조)	Artistic Gymnastics (기계체조) Rhythmic Gymnastics (리듬체조) Trampoline (트램펄린)
Handball (핸드볼) Hockey (하키) Judo (유도) Kabaddi (카바디)	-
Martial Arts (마샬아츠, 무예)	Jujitsu (주짓수) Kurash (크라쉬) Karate (가라테)
Modern Pentathlon (근대 5종)	-
Roller Sports (롤러 스포츠)	Roller Skating (롤러스케이팅) Skateboarding (스케이트보드)
Rowing (조정)	-
Rugby (럭비)	Rugby 7s (7인제 럭비)
Sailing (요트)	-

Sport (종목)	Discipline (세부종목)
Sepaktakraw (세팍타크로)	
Shooting (사격)	
Squash (스쿼시)	–
Table Tennis (탁구)	
Taekwondo (태권도)	
Tennis (테니스)	Tennis (테니스) Soft Tennis (소프트 테니스)
Triathlon (트라이애슬론)	–
Volleyball (배구)	Volleyball (실내 배구) Beach Volleyball (비치발리볼)
Weightlifting (역도)	
Wrestling (레슬링)	–
Wushu (우슈)	

*항저우 2022에 새롭게 추가된 종목 및 세부종목

4) 패럴림픽대회 종목(Paralympic Sports Programme)

* Summer Paralympic Games(하계패럴림픽대회)
  Tokyo 2020(도쿄 2020)

Sport	종목
Para Archery	파라 양궁
Para Athletics	파라 육상
Para Badminton	파라 배드민턴
Boccia	보치아
Para Canoe (Sprint)	파라 카누 (스프린트)
Para Cycling (Road/Track)	파라 사이클 (도로/트랙)
Equestrian	승마
Blind Football	시각장애인 축구
Goalball	골볼
Para Judo	파라 유도
Para Powerlifting	파라 역도
Para Rowing	파라 조정
Shooting Para Sport	파라 사격
Sitting Volleyball	좌식배구

Sport	종목
Para Swimming	파라 수영
Para Table Tennis	파라 탁구
Para Taekwondo	파라 태권도
Para Triathlon	파라 트라이애슬론
Wheelchair Basketball	휠체어 농구
Wheelchair Fencing	휠체어 펜싱
Wheelchair Rugby	휠체어 럭비
Wheelchair Tennis	휠체어 테니스

* Paris 2024(파리 2024)

Sport	종목
Para Archery	파라 양궁
Para Athletics	파라 육상
Para Badminton	파라 배드민턴
Blind Football	시각장애인 축구
Boccia	보치아
Para Canoe (Sprint)	파라 카누 (스프린트)
Para Cycling (Road/Track)	파라 사이클 (도로/트랙)
Equestrian	승마
Goalball	골볼
Para Judo	파라 유도
Para Powerlifting	파라 역도
Para Rowing	파라 조정
Shooting Para Sport	파라 사격
Sitting Volleyball	좌식배구
Para Swimming	파라 수영
Para Table Tennis	파라 탁구
Para Taekwondo	파라 태권도
Para Triathlon	파라 트라이애슬론
Wheelchair Basketball	휠체어 농구
Wheelchair Fencing	휠체어 펜싱
Wheelchair Rugby	휠체어 럭비
Wheelchair Tennis	휠체어 테니스

* Winter Paralympic Games(동계패럴림픽대회)
  PyeongChang 2018(평창 2018) & Beijing 2022(베이징 2022)

Sport	종목
Para Alpine Skiing	파라 알파인 스키
Para Ice Hockey	파라 아이스하키
Para Cross-Country Skiing	파라 크로스컨트리 스키
Para Biathlon	파라 바이애슬론
Para Snowboard	파라 스노보드
Wheelchair Curling	휠체어컬링

5) 장애인아시안게임 종목(Asian Para Games Sports Programme)

* Hangzhou 2022(항저우 2022)

Sport	종목
Para Archery	파라 양궁
Para Athletics	파라 육상
Para Badminton	파라 배드민턴
Boccia	보치아
Para Canoe	파라 카누
Board Games (Chess)	보드 게임 (체스)
Board Games (Go)	보드 게임 (바둑)
Para Cycling (Road)	파라 사이클 (로드)
Para Cycling (Track)	파라 사이클 (트랙)
Blind Football	시각장애인 축구
Goalball	골볼
Para Judo	파라 유도
Lawn Bowls	론볼
Para Powerlifting	파라 역도
Para Rowing	파라 조정
Shooting Para Sport	파라 사격
Sitting Volleyball	좌식배구
Para Swimming	파라 수영
Para Table Tennis	파라 탁구
Para Taekwondo	파라 태권도
Wheelchair Basketball	휠체어 농구
Wheelchair Fencing	휠체어 펜싱

Chapter 6

국제스포츠기구 정보

올림픽 개회식 및 경기 중계를 보다 보면 국기와 함께 국가가 약어로 표기되는 것을 접했을 것이다. 이는, 국제올림픽위원회가 206개의 국가올림픽위원회에 각각 세 자리 고유 국가 코드를 부여한 것으로, 올림픽 등에서 각국 명칭을 줄여서 쓸 필요가 있을 때 사용된다. 일부 코드들은 국제표준 명칭 ISO 3166-1 alpha-3와 국제축구연맹 코드와 차이가 있기 때문에 구분하여 숙지하고 있을 것을 권장한다.

국제스포츠 행정가로 일하면서 국제스포츠기구와 이메일, 전화 등으로 소통해야 하는 경우가 발생한다. 예를 들어, 주요 국제스포츠 행사 또는 대회 개최 시 인사 초청 또는 축사를 요청해야 하는 경우, 다양한 기관들에 서신을 보내야 한다. 각 기관의 연락 정보를 쉽게 찾을 수 있도록 Chapter 6에서는 국제경기연맹총연합회 산하 단체의 디렉토리(기관명, 간단한 소개, 홈페이지 주소, 대표 전화번호 및 이메일)를 포함하고 있다.

국제올림픽위원회 회원국(IOC Member States)

연번	국가명	약자	연번	국가명	약자
1	가나	GHA	19	슬로베니아	SLO
2	가봉	GAB	20	시리아	SYR
3	가이아나	GUY	21	시에라리온	SLE
4	감비아	GAM	22	싱가포르	SGP
5	과테말라	GUA	23	아메리칸사모아	ASA
6	괌	GUM	24	아랍에미리트	UAE
7	그레나다	GRN	25	아루바	ARU
8	그리스	GRE	26	아르메니아	ARM
9	기니	GUI	27	아르헨티나	ARG
10	기니비사우	GBS	28	아이슬란드	ISL
11	나미비아	NAM	29	아이티	HAI
12	나우루	NRU	30	아일랜드	IRL
13	나이지리아	NGR	31	아제르바이잔	AZE
14	남수단	SSD	32	아프가니스탄	AFG
15	남아프리카공화국	RSA	33	안도라	AND
16	네덜란드	NED	34	알바니아	ALB
17	네팔	NEP	35	알제리	ALG
18	노르웨이	NOR	36	앙고라	ANG

연번	국가명	약자	연번	국가명	약자
37	뉴질랜드	NZL	71	앤티가바부다	ANT
38	니제르	NIG	72	에리트레아	ERI
39	니카라과	NCA	73	에스와티니	SWZ
40	대만	TPE	74	에스토니아	EST
41	대한민국	KOR	75	에콰도르	ECU
42	덴마크	DEN	76	에티오피아	ETH
43	도미니카	DMA	77	엘살바도르	ESA
44	도미니카공화국	DOM	78	영국	GBR
45	독일	GER	79	예멘	YEM
46	동티모르	TLS	80	오만	OMA
47	라오스	LAO	81	오스트리아	AUT
48	라이베리아	LBR	82	온두라스	HON
49	라트비아	LAT	83	요르단	JOR
50	러시아	RUS	84	우간다	UGA
51	레바논	LBN	85	우루과이	URU
52	레소토	LES	86	우즈베키스탄	UZB
53	루마니아	ROU	87	우크라이나	UKR
54	룩셈부르크	LUX	88	이라크	IRQ
55	르완다	RWA	89	이란	IRI
56	리비아	LBA	90	이스라엘	ISR
57	리투아니아	LTU	91	이집트	EGY
58	리히텐슈타인	LIE	92	이탈리아	ITA
59	마다가스카르	MAD	93	인도	IND
60	마셜제도	MHL	94	인도네시아	INA
61	북마케도니아	MKD	95	일본	JPN
62	말라위	MAW	96	자메이카	JAM
63	말레이시아	MAS	97	잠비아	ZAM
64	말리	MLI	98	적도기니	GEQ
65	멕시코	MEX	99	조지아	GEO
66	모나코	MON	100	중국	CHN
67	모로코	MAR	101	중앙아프리카공화국	CAF
68	모리셔스	MRI	102	지부티	DJI
69	모리타니	MTN	103	짐바브웨	ZIM
70	모잠비크	MOZ	104	차드	CHA

105	몬테네그로	MNE	136	브루나이	BRU
106	몰도바	MDA	137	사모아	SAM
107	몰디브	MDV	138	사우디아라비아	KSA
108	몰타	MLT	139	체코	CZE
109	몽골	MGL	140	칠레	CHI
110	미국	USA	141	카메룬	CMR
111	미얀마	MYA	142	카보베르데	CPV
112	미크로네시아	FSM	143	카자흐스탄	KAZ
113	바누아투	VAN	144	카타르	QAT
114	바레인	BRN	145	캄보디아	CAM
115	바베이도스	BAR	146	캐나다	CAN
116	바하마	BAH	147	케냐	KEN
117	방글라데시	BAN	148	케이맨제도	CAY
118	버뮤다	BER	149	코모로	COM
119	버진아일랜드	ISV	150	코소보	KOS
120	버진아일랜드 영국령	IVB	151	콜롬비아	COL
121	베냉	BEN	152	콩고	CGO
122	베네수엘라	VEN	153	코스타리카	CRC
123	베트남	VIE	154	코트디부아르	CIV
124	벨기에	BEL	155	콩고민주공화국	COD
125	벨라루스	BLR	156	쿠바	CUB
126	벨리즈	BIZ	157	쿠웨이트	KUW
127	보스니아헤르체고비나	BIH	158	쿡제도	COK
128	보츠와나	BOT	159	크로아티아	CRO
129	볼리비아	BOL	160	키르기스스탄	KGZ
130	부룬디	BDI	161	키리바시	KIR
131	부르키나파소	BUR	162	키프러스(사이프러스)	CYP
132	부탄	BHU	163	타지키스탄	TJK
133	북한	PRK	164	탄자니아	TAN
134	불가리아	BUL	165	태국	THA
135	브라질	BRA	166	튀르키예[*]	TUR

---

[*] 터키에서 튀르키예로 국가명 변경

연번	국가명	약자	연번	국가명	약자
167	토고	TOG	187	스위스	SUI
168	통가	TGA	188	스페인	ESP
169	투르크메니스탄	TKM	189	슬로바키아	SVK
170	투발루	TUV	190	파나마	PAN
171	튀니지	TUN	191	파라과이	PAR
172	트리니다드토바고	TTO	192	파키스탄	PAK
173	산마리노	SMR	193	파푸아뉴기니	PNG
174	상투메프린시페	STP	194	팔라우	PLW
175	세네갈	SEN	195	팔레스타인	PLE
176	세르비아	SRB	196	페루	PER
177	세이셸	SEY	197	포르투갈	POR
178	세인트루시아	LCA	198	폴란드	POL
179	세인트빈센트그레나딘	VIN	199	푸에르토리코	PUR
180	세인트키츠네비스	SKN	200	프랑스	FRA
181	소말리아	SOM	201	피지	FIJ
182	솔로몬제도	SOL	202	핀란드	FIN
183	수단	SUD	203	필리핀	PHI
184	수리남	SUR	204	헝가리	HUN
185	스리랑카	SRI	205	호주	AUS
186	스웨덴	SWE	206	홍콩	HKG

출처: 국제올림픽위원회(IOC)

국제스포츠기구 디렉토리(Directory)[*]

1. 하계올림픽종목협의회(Association of Summer Olympic International Federations, ASOIF)

구분	내용
기관명	세계양궁연맹 World Archery (WA)
기관소개	세계양궁연맹(WA)은 양궁 스포츠를 관장하는 국제기구이다. 국제올림픽위원회(IOC), 국제패럴림픽위원회(IPC), 국제월드게임협회(IWGA)의 승인을 받아 190개의 회원국과 함께 양궁 종목을 발전시키는 것을 목표로 하고 있다. 양궁의 경기 규칙과 규정 제정, 세계양궁선수권대회 개최와 올림픽, 패럴림픽, 월드게임에서의 양궁 종목을 종합적으로 관리한다.
홈페이지	https://worldarchery.sport/
Tel	+41-21-614-3050
Email	info@archery.sport

---

* '22년 8월 기준

구분	내용
기관명	세계육상연맹 World Athletics (WA)
기관소개	세계육상연맹(WA)은 214개 회원국을 보유한 대형 국제스포츠 기구이다. 1912년에 설립된 국제육상연맹(IAAF)은 경기 프로그램, 표준화된 기술 장비, 공식 세계 기록 등록을 위한 국제적 통치기구의 필요로 인해 설립되었다. 2019년 IAAF는 모든 형태의 육상 종목을 이끌고 발전시켜 우수, 청렴, 연대 정신으로 육상 커뮤니티를 하나로 묶고자 세계육상연맹(WA)으로 명칭을 변경했다.
홈페이지	http://www.worldathletics.org/
Tel	+377-93-10-88-88
Email	info@worldathletics.org

구분	내용
기관명	세계배드민턴연맹 Badminton World Federation (BWF)
기관소개	세계배드민턴연맹(BWF)은 198개의 회원단체로 구성되어 있으며, 배드민턴을 모든 사람들이 접근할 수 있는 최고의 글로벌 스포츠로 만들겠다는 비전이 있다. 1934년에 설립된 BWF는 국제 스포츠이벤트와 글로벌 개발 프로그램을 2020 전략적 우선순위로 꼽았다. 국제올림픽위원회(IOC), 국제패럴림픽위원회(IPC) 및 기타 국제스포츠기구와의 '파트너십'과 BWF의 5개 대륙 연맹의 "역량"이 목표 달성을 위한 주요 요소이다.
홈페이지	https://bwfbadminton.com/
Tel	+603-2381-9188
Email	bwf@bwf.sport

구분	내용
기관명	국제농구연맹 International Basketball Federation (FIBA)
기관소개	국제농구연맹(FIBA)은 농구를 관장하는 국제기구이다. 1932년에 설립되었으며, 전 세계 212개의 국가농구연맹을 회원으로 보유하고 있다. FIBA는 FIBA 농구 월드컵, 올림픽 농구 토너먼트, 3×3 농구를 포함한 국제대회를 조직하고 관리하며, 규정과 함께 농구 공식 규칙을 제정한다. 아프리카, 아메리카, 아시아, 유럽, 오세아니아에 5개의 사무소가 있으며, 2008년에 설립된 국제농구재단(IBF)은 FIBA의 사회, 인도주의, 교육 활동을 관리한다.
홈페이지	http://www.fiba.basketball/
Tel	+41-22-545-00-00
Email	info@fiba.basketball

구분	내용
기관명	국제복싱협회 International Boxing Association (IBA)[*]
기관소개	국제복싱협회(IBA)는 205개 회원 연맹으로 구성된 전 세계 권투 경기 운영 기관이다. 국제복싱협회는 청소년과 엘리트 복싱을 발전시키고, 프로 선수들을 위한 새로운 기회를 창출하기 위해 노력하고 있다. IBA의 복싱에 대한 비전 또한 올림픽 무브먼트의 정신과 가치를 수용하고 고수한다. 이러한 가치로 IBA는 모든 글로벌 대회, 랭킹, 심판 및 복싱 선수의 복지를 포함한 모든 분야에서 최고 수준의 기준을 보장한다.
홈페이지	https://www.iba.sport/
Tel	+41-21-321-27-77
Email	info@iba.sport

구분	내용
기관명	국제카누연맹 International Canoe Federation (ICF)
기관소개	국제카누연맹(ICF)은 전 세계 카누 종목을 관장한다. ICF의 목적은 회원국인 169개의 국가카누연맹들 간의 커뮤니티를 형성하고, 매년 패들링과 세일링 종목의 국제대회를 개최하고 있다.
홈페이지	http://www.canoeicf.com/
Tel	+41-21-612-02-90
Email	info@canoeicf.com

---

[*] 구 약어: AIBA

구분	내용
기관명	국제사이클연맹
	International Cycling Union (UCI)
기관소개	국제사이클연맹(UCI)은 국제올림픽위원회(IOC)가 인정한 사이클 종목을 관리하는 국제기구이다. UCI는 1900년 설립되었으며, 본부는 스위스에 있다. UCI는 8가지 사이클 세부종목을 관리하고 있으며, 매년 세계선수권대회와 월드컵을 관리할 책임이 있다.
홈페이지	https://www.uci.org/
Tel	+41-24-468-58-11
Email	contact@uci.ch

구분	내용
기관명	국제승마연맹
	International Equestrian Federation (FEI)
기관소개	1921년 설립된 국제승마연맹(FEI)은 137개의 국가연맹을 회원으로 보유하고 있으며, 승마 스포츠 관리 기구로 마장마술, 종합마술, 장애물, 장애인 승마 등의 종목을 관할한다.
홈페이지	http://www.fei.org/
Tel	+41-21-310-47-47
Email	info@fei.org

구분	내용
기관명	국제펜싱연맹
	International Fencing Federation (FIE)
기관소개	국제펜싱연맹(FIE)은 국제올림픽위원회(IOC)의 승인을 받아 153개의 회원단체와 함께 펜싱을 발전시키는 것을 목표로 하고 있다. 펜싱은 1896년부터 올림픽 종목으로 채택되었고, 매년 FIE는 시니어, 주니어를 포함한 세계선수권대회를 개최한다.
홈페이지	http://www.fie.org/
Tel	+41-21-320-31-15
Email	info@fie.ch

기관명	국제축구연맹
	International Association Football Federation (FIFA)
기관소개	국제축구연맹(FIFA)은 1904년 스위스 취리히에 설립된 국제스포츠기구이다. 211개의 회원단체가 있으며, 지속적인 축구 발전을 목표로 하고 있다.
홈페이지	http://www.fifa.com/
Tel	+41-43-222-77-77
Email	contact@fifa.org

기관명	국제골프연맹
	International Golf Federation (IGF)
기관소개	국제골프연맹(IGF)은 골프 종목을 관할하는 국제기구로, 1958년에 설립되어 현재 150개의 회원단체를 보유하고 있다. 국제올림픽위원회(IOC), 국제패럴림픽위원회(IPC)의 승인을 받아 골프 규정, 관행 및 활동을 관리한다.
홈페이지	http://www.igfgolf.org/
Tel	+41-21-623-12-12
Email	info@igfmail.org

기관명	국제체조연맹
	International Gymnastics Federation (FIG)
기관소개	국제체조연맹(FIG)은 전 세계 체조를 관리하는 비영리 기구이다. 1896년 하계올림픽 종목으로 채택된 이래 가장 오래된 국제스포츠기구로, 체조의 8개 세부종목을 관할하고 있다. 156개 이상의 회원단체와 함께 체조 종목을 발전시키는 것을 목표로 하고 있다.
홈페이지	https://www.gymnastics.sport/site/
Tel	+41-21-321-55-10
Email	info@fig-gymnastics.org

구분	내용
기관명	국제핸드볼연맹 International Handball Federation (IHF)
기관소개	국제핸드볼연맹(IHF)은 핸드볼, 비치 핸드볼, 휠체어 핸드볼, 스노우 핸드볼을 관장하는 국제기구이다. IHF는 1938년부터 세계남자핸드볼선수권대회를 주최하고 있으며 1957년부터는 세계여자핸드볼선수권대회 또한 주관하고 있다.
홈페이지	http://www.ihf.info/
Tel	+41-61-228-90-40
Email	ihf.office@ihf.info

구분	내용
기관명	국제하키연맹 International Hockey Federation (FIH)
기관소개	국제하키연맹(FIH)은 올림픽 종목에 하키를 유치하고 지역사회의 참여와 즐거움을 극대화하기 위해 모든 수준에서 하키를 장려, 홍보, 개발 및 관리한다.
홈페이지	http://www.fih.ch/
Tel	+41-21-641-06-06
Email	info@fih.ch

구분	내용
기관명	국제유도연맹 International Judo Federation (IJF)
기관소개	국제유도연맹(IJF)은 206개의 회원단체와 함께 유도 종목을 발전시키는 것을 목표로 하고 있으며, 전 세계 2천만 명 이상이 유도를 즐기고 있다. 2009년부터 매년 세계선수권대회를 개최하고 있으며, 11개의 그랑프리, 5개의 그랜드슬램, 1개의 마스터스 대회와 함께 세계 유도 투어를 개최한다. IJF의 경기는 135개 이상의 국가에 송출되고 있으며, 소셜 미디어 플랫폼에 50만 명 이상의 팬을 보유하고 있다.
홈페이지	http://www.ijf.org/
Tel	+36-1-302-72-70
Email	president@ijf.org

기관명	국제근대5종연맹
	International Modern Pentathlon Union (UIPM)
기관소개	국제근대5종연맹(UIPM)은 근대5종을 관장하는 국제기구이다. UIPM의 본부는 모나코에 있으며, UIPM은 국제경기연맹으로서 근대5종 종목 관리 및 개발, 경기 및 이벤트 주관, 국제 규정 및 규칙 제정 등을 담당하고 있다.
홈페이지	https://www.uipmworld.org/
Tel	+377-97-77-85-55
Email	uipm@pentathlon.org

기관명	국제조정연맹
	World Rowing (WR)
기관소개	국제조정연맹(WR)은 156개 회원단체를 보유하고 있으며, 국가올림픽위원회(NOC), 국제올림픽위원회(IOC)로부터 조정 종목을 관장할 권한을 부여받았다. WR은 공인된 세계 조정 대회를 감독하고 조정 경기를 조직하기 위한 전문지식을 제공한다. 또한, 조정 종목의 발전을 위한 코칭 교육 및 기타 분야에 대해서도 노력하고 있다.
홈페이지	http://www.worldrowing.com/
Tel	+41-21-617-8373
Email	info@worldrowing.com

기관명	월드럭비
	World Rugby (WR)
기관소개	월드럭비(WR)는 럭비 종목을 관장하는 국제기구이다. 전 세계 6개의 대륙단체, 129개 회원단체를 보유하고 있으며, 5억 명 이상의 팬과 1천만 명의 선수를 위해 활동하는 국제경기연맹이다.
홈페이지	http://www.worldrugby.org/
Tel	+353-1-240-92-00
Email	info@worldrugby.org

구분	내용
기관명	세계요트연맹
	World Sailing (WS)
기관소개	세계요트연맹(WS)은 국제올림픽위원회(IOC)가 승인한 세계요트 스포츠를 관할하는 국제기구이다. 세계요트연맹은 국제스포츠진흥, 올림픽과 패럴림픽 경기에서의 요트 관리, 모든 요트 경기의 경기 규칙 및 규정 개발, 심판 및 기타 관리자의 훈련을 담당하고 있다.
홈페이지	http://www.sailing.org/
Tel	+44-20-3940-4888
Email	office@sailing.org

구분	내용
기관명	국제사격연맹
	International Shooting Sport Federation (ISSF)
기관소개	국제사격연맹(ISSF)은 올림픽 사격 종목과 비올림픽 사격 종목을 주관하는 국제기구이다. ISSF의 활동에는 ISSF 월드컵 시리즈, ISSF 월드컵 결승전, ISSF 세계 선수권 대회와 같은 모든 종목의 대회와 경기조직이 포함된다. 1907년에 창설된 ISSF에는 현재 전 세계에 163개의 회원단체가 소속되어 있다.
홈페이지	http://www.issf-sports.org/
Tel	+49-89-544-3550
Email	munich@issf-sports.org

구분	내용
기관명	국제수영연맹
	International Swimming Federation (FINA)
기관소개	국제수영연맹(FINA)은 1908년 설립된 수영 종목 관할 기구이다. 경영, 오픈워터 스위밍(Open Water Swimming), 다이빙, 수구, 아티스틱 스위밍 종목 등을 관리 및 통치한다. 현재 국제수영연맹(FINA)은 200여 개국의 회원단체를 보유한 연맹으로 성장하였다.
홈페이지	http://www.fina.org/
Tel	+41-21-310-47-10
Email	sportsdep@fina.org

기관명	국제탁구연맹
	International Table Tennis Federation (ITTF)
기관소개	국제탁구연맹(ITTF)은 1926년 설립된 국제탁구 종목을 관리 및 통치하는 단체이다. 현재는 227개국의 회원단체를 보유한 가장 큰 국제스포츠기구 중 하나이며, 매년 90여 개의 대회를 개최하고 있다.
홈페이지	http://www.ittf.com/
Tel	+41-21-340-70-90
Email	ittf@ittf.com

기관명	세계태권도연맹
	World Taekwondo (WT)
기관소개	세계태권도연맹(WT)은 태권도 종목을 관리 및 통치하는 국제단체이다. WT는 1973년 35개의 회원으로 출범하여 현재 210여 개국의 회원단체를 보유한 기구로 성장하였다.
홈페이지	http://www.worldtaekwondo.org/
Tel	+82-2-566-2505
Email	office@worldtaekwondo.org

기관명	국제테니스연맹
	International Tennis Federation (ITF)
기관소개	국제테니스연맹(ITF)은 세계 테니스 종목을 관장하는 단체로, 테니스와 장애인 테니스, 그리고 비치 테니스 종목을 관리 및 통치한다. 1913년 설립된 12개 국가 연합 단체로 시작한 ITF는 현재 210여 개의 회원단체를 보유한 거대한 단체로 성장하였다.
홈페이지	https://www.itftennis.com/
Tel	+44-20-8878-6464
Email	communications@itftennis.com

구분	내용
기관명	국제트라이애슬론연맹 World Triathlon (WT)
기관소개	국제트라이애슬론연맹(WT)은 올림픽 종목인 트라이애슬론을 관장하는 국제기구이다. WT는 트라이애슬론과 관련된 스포츠인 듀애슬론(Duathlon), 아쿠애슬론(Aquathlon), 크로스 트라이애슬론(Cross Triathlon), 그리고 동계 트라이애슬론(Winter Triathlon) 종목을 관리 및 통치한다. 현재 160여 개국 회원단체가 소속되어 있으며, 역사가 길지 않은 올림픽 종목 스포츠 단체 중 하나이다.
홈페이지	http://www.triathlon.org/
Tel	+41-21-614-60-30
Email	hdq@triathlon.org

구분	내용
기관명	국제배구연맹 International Volleyball Federation (FIVB)
기관소개	국제배구연맹(FIVB)은 배구 종목을 관장하는 국제기구이며, 배구 종목의 유산과 우수함을 앞세워 전 세계인이 배구를 경험하고 즐길 수 있도록 한다. FIVB는 모든 배구 관련 대회를 주관 및 관리하며, 다양한 국제대회를 주관한다.
홈페이지	www.fivb.com/
Tel	+41-21-345-35-35
Email	info@fivb.org

구분	내용
기관명	국제역도연맹 International Weightlifting Federation (IWF)
기관소개	국제역도연맹(IWF)은 1905년 설립되어 가장 오래된 스포츠 관리 기구 중 하나이다. 현재 192개국 회원이 가입해 있는 비영리 단체로 1896년 첫 근대 올림픽에 포함된 역도 종목을 관리하고 있다.
홈페이지	http://www.iwf.net/
Tel	+41-21-601-3227
Email	iwf@iwfnet.net

기관명	세계레슬링연맹 United World Wrestling (UWW)
기관소개	1905년 레슬링 종목을 관장하기 위해 설립된 세계레슬링연맹(UWW)은 현재 181개의 회원단체로 구성되어 있다. UWW는 모든 대륙에 레슬링을 알리고 발전시키는 것을 목표로 하고 있다.
홈페이지	https://uww.org/
Tel	+41-21-312-84-26
Email	info@uww.org

2. 동계올림픽 종목 협의회(Association of International Olympic Winter Sports Federations, AIOWF)

구분	내용
기관명	국제바이애슬론연맹 International Biathlon Union (IBU)
기관소개	국제바이애슬론연맹(IBU)은 전 세계 바이애슬론 종목을 대표하는 모든 기관과 단체를 포괄하는 국제기구이며, 본부는 오스트리아 잘츠부르크에 있다. 1968년 국제올림픽위원회(IOC) 멕시코시티 총회에서 바이애슬론 종목과 국제근대5종연맹(UIPM)이 통합되어 한동안 UIPMB(UIPM 뒤에 Biathlon을 붙인 약칭)로 확대 운영되었지만, 이후 바이애슬론은 1993년 독자적으로 IBU를 만들어 활동했고 1998년 IOC로부터 독자적인 동계 종목단체로 인정받아 분리되었다.
홈페이지	http://www.biathlonworld.com/
Tel	+43-662-85-50-50
Email	biathlon@ibu.at

구분	내용
기관명	국제봅슬레이스켈레톤연맹 International Bobsleigh and Skeleton Federation (IBSF)
기관소개	국제봅슬레이스켈레톤연맹(IBSF)은 전 세계 봅슬레이와 스켈레톤을 관장하는 국제기구이다. IBSF는 74개의 회원단체로 구성되어 있으며, 매년 동계 시즌에 200개 이상의 경기를 관할한다. IBSF는 국제올림픽위원회(IOC) 인정 종목단체로 봅슬레이, 스켈레톤 종목에 대해 기타 국제경기연맹과 협력한다.
홈페이지	http://www.ibsf.org/en/
Tel	+41-21-601-5101
Email	office@ibsf.org

기관명	세계컬링연맹 World Curling Federation (WCF)
기관소개	세계컬링연맹(WCF)은 동계올림픽의 컬링 종목과 동계패럴림픽의 휠체어 컬링을 관장하는 국제스포츠기구이다. WCF는 현재 동계올림픽 종목의 7개 국제스포츠기구 중 하나이다. WCF는 67개 회원국을 대표하고 있으며, 가장 빠르게 성장하고 있는 동계스포츠 중 하나로 알려져 있다.
홈페이지	http://www.worldcurling.org/
Tel	+44-1738-45-16-30
Email	info@worldcurling.org

기관명	국제아이스하키연맹 International Ice Hockey Federation (IIHF)
기관소개	국제아이스하키연맹(IIHF)은 1908년 5월 15일 프랑스 파리에 설립된 국제기구로, 82개의 국가아이스하키연맹을 회원으로 보유하고 있다. IIHF는 더 많은 사람들에게 아이스하키를 홍보하기 위해 다양한 프로그램을 운영하고 있다. 또한, IIHF는 남녀 올림픽대회와 20세 이하 청소년, 18세 이하 청소년, 18세 이하 여성, 세계선수권대회 등 모든 계층의 아이스하키 대회를 주관한다.
홈페이지	http://www.iihf.com/
Tel	+41-44-562-2200
Email	office@iihf.com

기관명	국제루지연맹 International Luge Federation (FIL)
기관소개	국제루지연맹(FIL)은 국제올림픽위원회(IOC)에 의해 루지 분야에 대해 최고 권위자로 인정된 국제기구이며, 현재 52개 단체가 FIL에 가입되어 있다.
홈페이지	http://www.fil-luge.org/
Tel	+49-8652-975770
Email	office@fil-luge.org

구분	내용
기관명	국제빙상연맹 International Skating Union (ISU)
기관소개	1892년 창설된 국제빙상연맹(ISU)은 국제올림픽위원회(IOC)가 공인한 전 세계 피겨스케이팅과 스피드스케이팅을 관할하는 국제기구이다. ISU의 목적은 피겨스케이팅과 스피드스케이팅 종목에서 우정과 상호 이해를 바탕으로 조직적인 발전을 관리하고 종목을 홍보하는 것이다.
홈페이지	http://www.isu.org/
Tel	+41-21-612-66-66
Email	info@isu.ch

구분	내용
기관명	국제스키연맹 International Ski Federation (FIS)
기관소개	국제스키연맹(FIS)은 1924년 프랑스 샤모니에서 열린 제1회 올림픽대회 기간에 설립된 국제 스키 및 스노보드를 관장하는 국제기구이다. FIS는 국제올림픽위원회(IOC)의 승인을 받아 알파인스키, 크로스컨트리 스키, 스키점프, 노르딕복합, 프리스타일 스키, 스노보드와 같은 올림픽 종목을 관리하며, 현재 135개 회원단체를 보유하고 있다.
홈페이지	http://www.fis-ski.com/
Tel	+41-33-244-61-61
Email	communications@fisski.com

3. 올림픽공인종목협의회(Association of IOC Recognised International Sport Federations, ARISF)

기관명	국제항공스포츠연맹 World Airsports Federation (FAI)
기관소개	국제항공스포츠연맹(FAI)은 1905년에 창설된 비정부 및 비영리 기구이며, 국제 항공 및 우주 비행 활동을 증진하고, 국제 기록을 승인하고, 국제 경기 조직을 조정하는 것을 기본 목표로 한다. 100년 이상의 꾸준한 성장 이후, FAI는 현재 100개 이상의 회원단체로 이루어진 조직으로, 전 세계 항공 스포츠에 참여하는 모든 이들을 연결하는 네트워크를 형성하고 있다.
홈페이지	https://www.fai.org/
Tel	+41-21-345-10-70
Email	info@fai.org

기관명	국제미식축구연맹 International Federation of American Football (IFAF)
기관소개	1896년 캐나다에서 미국 외 지역 최초의 미식축구연맹이 설립되었으며, 유럽지역 미식축구연합은 1976년에 최초로 결성된 이후 1993년 유럽미식축구연맹(EFA)이 창립되면서 유럽에서 큰 발전을 이룩했다. 1998년에 공식적으로 결성된 국제미식축구연맹(IFAF)은 2005년에 GAISF의 회원이 되었다. 2013년 IFAF는 국제올림픽위원회(IOC)의 잠정 승인을 받았다. 2014년 IFAF는 올림픽공인종목협의회(ARISF)의 회원이 되었다.
홈페이지	http://www.americanfootball.sport/
Tel	+44-7971-497792
Email	info@americanfootball.sport

구분	내용
기관명	국제자동차연맹 International Automobile Federation (FIA)
기관소개	국제자동차연맹(FIA)은 1904년 설립된 비영리 국제기구로, 국제연합(UN)의 자문기구이다. FIA는 146개국에 245개 회원단체를 보유하고 있으며, 8천만 명의 회원들 간의 소통과 아이디어 교환이 활발하게 이루어지고 있다. 이는 FIA가 회원들에게 적극적으로 교육하고, 안전하고 건전한 스포츠를 즐길 수 있는 환경을 제공하는 것을 의미한다.
홈페이지	http://www.fia.com/
Tel	+41-22-544-44-00
Email	dchallande@fia.com

구분	내용
기관명	국제밴디연맹 Federation of International Bandy (FIB)
기관소개	국제밴디연맹(FIB)은 Bandy와 Rink-bandy 종목의 전반적인 발전을 도모하며, 올림픽 정식 종목으로 선정되기 위한 목적으로 1955년 스웨덴 스톡홀름에 설립되었다.
홈페이지	http://www.worldbandy.com/
Tel	+46-270-18014
Email	bo.nyman@worldbandy.com

구분	내용
기관명	세계야구소프트볼연맹 World Baseball Softball Confederation (WBSC)
기관소개	세계야구소프트볼연맹(WBSC)은 야구와 소프트볼을 관장하는 국제기구이다. WBSC는 아시아, 아프리카, 아메리카, 유럽, 오세아니아 140개국에 193개의 국가연맹과 13개의 준회원을 두고 있으며, 매년 전 세계 경기장에 약 1억 5천만 명의 팬을 끌어들이며 야구/소프트볼 종목을 대표한다. WBSC는 국가대표팀과 관련된 모든 국제대회(세계소프트볼선수권대회, 프리미어12, 월드 베이스볼 클래식, 야구 월드컵)를 주관한다.
홈페이지	http://www.wbsc.sport/
Tel	+41-21-318-8240
Email	office@wbsc.org

구분	내용
기관명	국제펠로타바스카연맹 International Federation of Pelota Vasca (FIPV)
기관소개	바스크펠로타(Basque pelota)는 손에 낀 갈고리 모양의 나무주걱으로 벽에 공을 던지는 스포츠로, 국제펠로타바스카연맹(FIPV)은 1929년에 설립되었으며, FIPV는 국제 규정을 제정하고 국제 경기대회를 개최한다.
홈페이지	http://www.fipv.net/
Tel	+34-948-164080
Email	info@fipv.net

구분	내용
기관명	세계스포츠당구연맹 World Confederation of Billiards Sports (WCBS)
기관소개	세계스포츠당구연맹(WCBS)은 캐롬(Carom), 풀(Pool), 스누커(Snooker) 등을 포함한 주요 당구 종목들을 아우르는 국제기구로 1992년에 설립되었으며, 올림픽공인종목협의회(ARISF)와 국제경기연맹총연합회(GAISF)의 회원이자 국제올림픽위원회(IOC)의 승인을 받은 유일한 당구 스포츠의 기관이다.
홈페이지	https://www.wcbs.sport/
Tel	+41-79-449-46-78
Email	diane.wild@eurobillard.org

구분	내용
기관명	세계불스포츠연맹 World Petanque Bowls Federation (WPBF)
기관소개	세계불스포츠연맹(WPBF)은 페탕크 종목을 관할하는 국제기구로서, 국제 경기 규칙 및 규정 제정 및 종목 홍보 등을 위해 노력하고 있다.
홈페이지	https://wpbf-fmbp.org/index.php/en/
Tel	-
Email	-

구분	내용
기관명	국제볼링연맹 International Bowling Federation (IBF)
기관소개	텐핀과 나인핀 종목으로 구성된 볼링은 세계적인 스포츠로 인정받고 있다. 전 세계 볼링 종목을 관할하는 국제볼링연맹(IBF)의 본부는 로잔에 있으며, 미국과 홍콩에 지부를 두고 있다.
홈페이지	https://bowling.sport/
Tel	-
Email	secretariat@worldbowling.org

구분	내용
기관명	세계브리지연맹 World Bridge Federation (WBF)
기관소개	세계브리지연맹(WBF)은 전 세계 104개 브리지 연맹으로 구성되어 있으며, 올림픽 무브먼트를 실현하며 종목을 널리 홍보하고 발전시키기 위해 노력하고 있다. 국제올림픽위원회(IOC)의 공인 국제기구(IF)로서 국가브리지연맹을 연합하며 국제 경기를 개최하고, 국제 규정을 제정 및 채택하고 있다.
홈페이지	http://www.worldbridge.org/
Tel	+41-21-544-72-18
Email	secretariat@worldbridgefed.com

구분	내용
기관명	세계치어리딩연맹 International Cheer Union (ICU)
기관소개	세계치어리딩연맹(ICU)은 치어리더 스포츠를 관장하는 국제기구이다. ICU는 전 세계 94개 국가치어리더연맹에서 400만 명 이상의 선수들이 등록되어 있으며, 매년 70개국에서 만 명 이상의 선수가 참가하는 세계치어리더선수권대회와 전 세계 대륙 및 지역 선수권 대회를 개최하고 있다.
홈페이지	http://cheerunion.org/
Tel	+1-901-207-3010
Email	info@cheerunion.org

기관명	세계체스연맹
	World Chess Federation (FIDE)
기관소개	1924년 설립된 세계체스연맹(FIDE)은 1999년부터 국제올림픽위원회(IOC)의 국제스포츠기구로 인정되었다. 200개 회원단체를 보유한 FIDE는 매년 40개 이상의 공식 선수권 대회를 개최하며 체스 발전을 목표로 한다.
홈페이지	http://www.fide.com/
Tel	+41-21-601-0039
Email	office@fide.com

기관명	국제산악연맹
	International Climbing and Mountaineering Federation (UIAA)
기관소개	국제산악연맹(UIAA)은 1932년에 설립되었으며, 5개 대륙에 80개 회원단체를 가지고 있다. UIAA는 전 세계적으로 등산의 발전을 촉진하고, 안전하고 윤리적인 산악 관행을 발전시킨다. UIAA는 국제올림픽위원회(IOC)에 의해 등반과 등산을 대표하는 국제기구로 인정받고 있으며, 아이스 클라이밍이 올림픽 정식 종목에 채택되는 것을 목표로 하고 있다.
홈페이지	http://www.theuiaa.org/
Tel	+41-31-370-1828
Email	office@theuiaa.org

기관명	국제크리켓평의회
	International Cricket Council (ICC)
기관소개	국제크리켓평의회(ICC)는 전 세계 크리켓을 관할하는 국제기구이다. 크리켓은 대표적인 글로벌 스포츠로서 대륙과 국가, 지역사회를 연결하며 연령, 성별, 배경, 능력에 상관없이 사람들을 모으는 스포츠이다.
홈페이지	http://www.icc-cricket.com/
Tel	+971-4-382-8800
Email	enquiry@icc-cricket.com

구분	내용
기관명	세계댄스스포츠연맹 World DanceSport Federation (WDSF)
기관소개	세계댄스스포츠연맹(WDSF)은 댄스스포츠 종목의 유일한 국제기구이다. 97개의 회원단체가 있으며, 1997년 9월 국제올림픽위원회(IOC)의 승인을 받았다.
홈페이지	https://www.worlddancesport.org/
Tel	+41-21-601-17-11
Email	office@wdsf.org

구분	내용
기관명	국제플로어볼협회 International Floorball Federation (IFF)
기관소개	국제플로어볼협회(IFF)는 1986년 스웨덴, 핀란드, 스위스에 의해 설립되었으며, 가장 빠르게 성장하고 있는 팀 스포츠 중 하나인 플로어볼을 관리하는 국제기구이다. 플로어볼은 스틱 스포츠로 3대3, 4대4, 5대5의 세부종목이 있으며 가능한 한 많은 골을 넣는 것을 목표로 하는 스포츠이다. IFF는 현재 77개의 회원단체를 보유하고 있다.
홈페이지	https://floorball.sport/
Tel	+358-9-4542-1425
Email	office@floorball.org

구분	내용
기관명	세계플라잉디스크연맹 World Flying Disc Federation (WFDF)
기관소개	세계플라잉디스크연맹(WFDF)은 플라잉디스크 종목을 관할하는 국제스포츠기구이다. WFDF는 국제올림픽위원회(IOC)와 올림픽공인종목협의회(ARISF), 국제경기연맹총연합회(GAISF), 국제월드게임협회(IWGA)의 승인을 받아 122개의 회원단체와 함께 플라잉디스크 종목을 발전시키는 것을 목표로 하고 있다.
홈페이지	https://wfdf.sport/
Tel	+49-6138-90-20-868
Email	Volker.Bernardi@wfdf.org

기관명	국제바이에른컬링연맹
	International Federation Icestocksport (IFI)
기관소개	국제바이에른컬링연맹(IFI)은 전 세계적으로 46개 회원단체와 함께 바이에른컬링 종목을 발전시키는 것을 목표로 하고 있으며, 청소년, 남녀 세계선수권대회를 개최하고 관리하는 국제기구이다.
홈페이지	http://www.icestocksport.com/
Tel	+49-621-441006
Email	info@icestocksport.com

기관명	세계가라테연맹
	World Karate Federation (WKF)
기관소개	세계가라테연맹(WKF)은 1990년에 설립되었다. WKF는 국제올림픽위원회(IOC)의 승인을 받았으며 199개의 회원단체를 보유한 유일하고 가장 큰 국제 가라테 기구이다. 또한, 2년에 한 번씩 열리는 주니어 및 시니어 가라테 세계선수권대회를 주최한다.
홈페이지	http://www.wkf.net/
Tel	+34-91-535-9632
Email	wkf@wkf.net

기관명	세계킥복싱연맹
	World Association of Kickboxing Organisations (WAKO)
기관소개	세계킥복싱연맹(WAKO)은 킥복싱을 관장하는 국제기구로 5개 대륙에 109개의 회원단체를 두고 있다. 아시아올림픽평의회(OCA)로부터 아시아 킥복싱 담당 기관으로 인정받았으며, 킥복싱은 실내무도아시안게임(AIMAG)의 정식 종목으로 채택됐다.
홈페이지	http://www.wako.sport/
Tel	+39-34-50-13-55-21
Email	administration@wako.sport

구분	내용
기관명	국제코프볼연맹 International Korfball Federation (IKF)
기관소개	국제코프볼연맹(IKF)은 1933년 6월 11일에 벨기에 앤트워프에 설립되었으며, 1993년 국제올림픽위원회(IOC)의 공식 인증을 받았으며, 올림픽공인종목협의회(ARISF), 국제월드게임협회(IWGA), 국제경기연맹총연합회(GAISF)에 가입했다. IKF는 세계 유일의 혼성 단체 스포츠인 코프볼의 관리 기구로서 전 대륙 69개의 회원단체와 함께 종목을 발전시키는 것을 목표로 하고 있다.
홈페이지	https://korfball.sport/
Tel	+31-34-349-96-55
Email	office@ikf.org

구분	내용
기관명	국제라크로스연맹 World Lacrosse (WL)
기관소개	국제라크로스연맹(WL)은 남녀 라크로스를 위한 국제경기연맹으로, 전 세계적으로 라크로스의 지속적인 성장을 지원한다. WL은 현재 77개 회원단체와 함께 라크로스 종목을 발전시키는 것을 목표로 하고 있으며, 남녀 라크로스 세계선수권대회를 개최한다.
홈페이지	https://worldlacrosse.sport/
Tel	+1-416-426-7070
Email	info@filacrosse.com

구분	내용
기관명	국제인명구조연맹 International Life Saving Federation (ILS)
기관소개	국제인명구조연맹(ILS)은 익사 방지, 인명 구조 및 인명 구조 스포츠에 대한 국제기구이다. ILS는 익사 방지, 수상 안전, 수상 구조, 인명 구조 및 인명 구조 스포츠에 관여하는 국가 및 국제기구와 협력하고 있다.
홈페이지	http://www.ilsf.org/
Tel	+32-16-89-60-60
Email	ils.hq@telenet.be

기관명	국제모터사이클연맹
	International Motorcycling Federation (FIM)
기관소개	1904년에 설립된 국제모터사이클연맹(FIM)은 전 세계 6개 대륙 연합에 116개 국가연맹을 보유하고 있다. 모터사이클 종목에서 국제올림픽위원회(IOC)가 유일하게 관리 기관으로 인정한 FIM 은 50개의 FIM 세계선수권대회를 주관하며, 도로 안전, 관광 및 환경 보호와 같은 분야에도 참여하고 있다. FIM은 1994년에 국 제스포츠기구로는 처음으로 환경 법규를 제정하였다.
홈페이지	http://www.fim-live.com/
Tel	+41-22-950-95-00
Email	info@fim.ch

기관명	국제아마추어무에타이연맹
	International Federation of Muaythai Associations (IFMA)
기관소개	국제아마추어무에타이연맹(IFMA)은 2006년 국제경기연맹총연합 회(GAISF)가 인정한 국제기구로, 전 세계적으로 5개 대륙 연맹에 146개 회원단체를 보유하고 있다. 세계대학선수권대회, 세계격투 게임, 세계대학선수권대회, 동남아시아게임(SEA Games)에 참가하 고 있으며 매년 세계선수권대회를 포함해 다양한 대회를 개최한다. IFMA는 2012년 12월에 국제올림픽위원회(IOC)의 정식 승인을 신청했으며 현재 올림픽공인종목협의회(ARISF)에 가입되어 있다.
홈페이지	http://www.muaythai.sport/
Tel	+66-2630-3361
Email	info@muaythai.sport

구분	내용
기관명	세계넷볼연맹
	World Netball
기관소개	세계넷볼연맹(World Netball)은 전 세계 넷볼 종목을 총괄하는 국제기구로 세계 랭킹을 관리하고, 넷볼 월드컵과 영연방경기대회(Commonwealth Games)에서 넷볼 종목을 관리하기 위하여 1960년에 창설되었다. 2021년 6월 International Netball Federation에서 World Netball로 명칭을 변경하였으며, 영국 맨체스터에 본부를 두고 있다.
홈페이지	https://netball.sport/
Tel	+44-161-234-6515
Email	inf@netball.org

구분	내용
기관명	국제오리엔티어링연맹
	International Orienteering Federation (IOF)
기관소개	국제오리엔티어링연맹(IOF)은 오리엔티어링 스포츠를 관장하는 국제기구이다. IOF는 1961년에 설립되어 1977년에 국제올림픽위원회(IOC)의 승인을 받았으며, 전 세계에 75개 회원단체를 보유하고 있다. IOF는 올림픽공인종목협의회(ARISF), 국제월드게임협회(IWGA), 국제마스터스게임협회(IMGA), 국제경기연맹총연합회(GAISF)의 회원으로 등록되어 있다.
홈페이지	https://orienteering.sport/
Tel	+46-70-314-74-33
Email	iof@orienteering.org

구분	내용
기관명	국제폴로연맹
	International Polo Federation (FIP)
기관소개	국제폴로연맹(FIP)은 폴로 경기를 주관하는 국제기구로, 1982년 출범하여 현재 86개의 회원단체를 보유하고 있다. FIP는 국제 경기 규칙을 관장하고 있으며 우정, 팀 정신, 평등, 존중, 통합의 개념을 장려하고 공정한 경기와 안전의 개념을 수용하고 있다.
홈페이지	http://www.fippolo.com/
Tel	+54-114-773-4261
Email	office@fippolo.com

기관명	국제모터보트연맹
	International Powerboating Federation (UIM)
기관소개	국제모터보트연맹(UIM)은 모든 모터보트 활동을 관리하는 국제기구이다. 국제올림픽위원회(IOC)의 승인을 받았으며 올림픽 공인종목협의회(ARISF)의 회원이다. 현재 58개의 국가연맹(NF)을 회원단체로 보유하고 있다.
홈페이지	http://www.uim.sport/
Tel	+377-92-05-25-22
Email	uim@uimpowerboating.com

기관명	국제라켓볼연맹
	International Racquetball Federation (IRF)
기관소개	국제라켓볼연맹(IRF)은 1979년 미국 테네시 주 멤피스에서 창립되었으며, 1985년에 국제올림픽위원회(IOC)의 승인을 받았다. 그 후 IRF는 5개 대륙에 100개 회원단체를 보유한 국제기구로 성장하였다. IRF는 1981년부터 2년에 한 번 세계선수권대회를 개최하며, 1986년부터 매년 주니어 월드 대회를 개최하고 있다.
홈페이지	http://www.internationalracquetball.com/
Tel	+1-719-433-2017
Email	lstonge@internationalracquetball.com

기관명	월드 스케이트
	World Skate (WS)
기관소개	월드 스케이트(WS)는 1924년에 설립되었으며 1998년 IOC의 승인을 받았다. WS는 매년 세계선수권대회를 개최하며, 2년에 한 번 'World Skate Games'라는 명칭으로 모든 세부종목의 경기를 한 장소에서 개최한다. 가장 최근의 'World Skate Games'는 2017년에 중국 난징에서, 2019년에 스페인 바르셀로나에서 개최되었으며, 다음 대회는 2022년에 아르헨티나에서 개최된다.
홈페이지	http://www.worldskate.org/
Tel	+39-06-91-68-40-23
Email	info@worldskate.org

구분	내용
기관명	국제삼보연맹 International Sambo Federation (FIAS)
기관소개	국제삼보연맹(FIAS)은 삼보 종목을 관장하며, 전 세계에 97개 회원단체를 보유하고 있는 비영리 국제스포츠기구이다. FIAS는 설립된 지 50년 만에 공식적으로 인정되었고, 전 세계에 삼보를 홍보하고 발전시키며, 공식 행사를 개최할 수 있는 유일한 권한을 가지고 있다.
홈페이지	https://sambo.sport/
Tel	+41-21-601-70-15
Email	swissoffice@sambo-fias.com

구분	내용
기관명	국제산악스키연맹 International Ski Mountaineering Federation (ISMF)
기관소개	국제산악스키연맹(ISMF)은 전 세계 41개 회원단체를 보유한 국제스포츠기구이다. ISMF는 산악스키를 장려하고 발전시키는 것을 목적으로 하며 국제산악스키대회를 주최 및 관리한다.
홈페이지	http://www.ismf-ski.org/
Tel	+39-0174-554755
Email	office@ismf-ski.org

구분	내용
기관명	국제스포츠클라이밍연맹 International Federation of Sport Climbing (IFSC)
기관소개	국제스포츠클라이밍연맹(IFSC)은 스포츠클라이밍의 발전 방향을 설정하고, 국제 경기규정을 만드는 단체이다. IFSC는 회원단체 간의 교류를 도모하며 올림픽 무브먼트를 널리 전달하기 위한 다양한 활동을 시행 중이다.
홈페이지	https://www.ifsc-climbing.org/
Tel	+39-011-385-3995
Email	administration@ifsc-climbing.org

기관명	세계스쿼시연맹
	World Squash Federation (WSF)
기관소개	세계스쿼시연맹(WSF)은 국제 스쿼시 종목을 관리 및 통치하는 단체이다. 현재 155개의 회원단체를 보유하고 있으며, 전 세계적으로 5만여 개의 경기장이 있다.
홈페이지	https://www.worldsquash.org/
Tel	+44-1424-447-440
Email	wsf@worldsquash.org

기관명	국제스모연맹
	International Sumo Federation (IFS)
기관소개	국제스모연맹(IFS)은 85개 회원단체를 보유하고 있으며, 국제 스모 종목을 관리 및 통치하는 단체이다. 스모는 기술을 통해 움직임을 향상시키는 운동으로, 간단한 규칙이 적용되는 스포츠이다.
홈페이지	http://sumo.sport/
Tel	+81-3-3360-3911
Email	office2@ifs-sumo.org

기관명	국제서핑협회
	International Surfing Association (ISA)
기관소개	국제서핑협회(ISA)는 1964년 설립되어 국제올림픽위원회(IOC)로부터 서핑, 스탠드업 패들 레이싱(SUP Racing), 웨이크 서핑 등 서핑 관련 스포츠를 관리 및 통치하는 단체로 인정받았다. 세계 챔피언십 대회 등 서핑 종목의 발전을 위한 다양한 대회를 개최하고 있으며, 교육 프로그램도 제공하고 있다. 현재 109개의 회원국을 보유하고 있다.
홈페이지	http://www.isasurf.org/
Tel	+1-858-551-8580
Email	info@isasurf.org

구분	내용
기관명	국제줄다리기연맹
	Tug Of War International Federation (TWIF)
기관소개	국제줄다리기연맹(TWIF)은 1960년 설립된 국제 줄다리기 관리 및 통치기구이다. 74개의 회원단체가 소속되어 있으며, 국제줄다리기대회를 주관한다. 월드게임(World Games)에서도 줄다리기 경기를 선보이고 있다.
홈페이지	http://tugofwar-twif.org/
Tel	+1-608-879-2869
Email	10cc@hetnet.nl

구분	내용
기관명	세계수중연맹
	World Underwater Federation (CMAS)
기관소개	세계수중연맹(CMAS)은 139개의 회원단체가 소속되어 있는 국제 수중 스포츠 관리 기구이다. CMAS는 국제 수중 스포츠의 관리뿐만 아니라, 수중 스포츠의 발전을 목표로 기술의 연구 및 개발 등을 선도하고 있다.
홈페이지	https://www.cmas.org/
Tel	+39-06-32-11-05-94
Email	cmas@cmas.org

구분	내용
기관명	국제대학스포츠연맹
	International University Sports Federation (FISU)
기관소개	국제대학스포츠연맹(FISU)은 1949년 설립되어 대학생들의 국제 스포츠대회를 주관하고 있다. 하계와 동계 세계대학경기대회와 대학 월드 챔피언십 등의 대회를 개최한다. 본부는 스위스 로잔에 위치해 있다.
홈페이지	www.fisu.net/
Tel	+41-21-692-6400
Email	fisu@fisu.net

기관명	국제수상스키웨이크보드연맹
	International Waterski & Wakeboard Federation (IWWF)
기관소개	국제수상스키웨이크보드연맹(IWWF)은 수상 스키와 웨이크 보드, 그리고 다른 수상 스포츠를 관할하는 국제기구이다. 수상 스포츠에 적용되는 규칙을 제정하고 다양한 공식 행사를 주관하고 있다.
홈페이지	https://iwwf.sport/
Tel	+41-79-414-37-40
Email	info@iwwfed.com

기관명	국제우슈연맹
	International Wushu Federation (IWUF)
기관소개	국제우슈연맹(IWUF)은 1990년 설립되어 전 세계 우슈를 관장하는 단체이다. 현재 156개의 회원국이 소속되어 있으며, 국제올림픽위원회(IOC)로부터 전 세계 우슈 종목 관리 단체로 인정받았다. IWUF는 전 세계에 우슈를 널리 알리기 위해 노력하며 우슈를 통해 모든 사람들의 신체적 정신적 건강을 증진하려는 목적을 가지고 있다.
홈페이지	http://www.iwuf.org/
Tel	+41-21-312-2583
Email	iwuf@iwuf.org

4. 독립인증경기연맹연합(Alliance of Independent recognized Members of Sport, AIMS)

구분	내용
기관명	국제합기도연맹 International Aikido Federation (IAF)
기관소개	국제합기도연맹(IAF)은 1976년 설립되어 합기도의 본고장인 일본에 본부를 두고 있으며, 현재 56개 회원국으로 구성되어 있다. IAF는 국제경기연맹총연합회(GAISF), 독립인증경기연맹연합(AIMS), 국제월드게임협회(IWGA)의 회원으로 합기도를 관장하는 유일한 단체이다.
홈페이지	https://www.aikido-international.org/
Tel	+81-3-3203-9236
Email	info@aikido-international.org

구분	내용
기관명	국제보디빌딩연맹 International Federation of BodyBuilding and Fitness (IFBB)
기관소개	국제보디빌딩연맹(IFBB)은 1946년 캐나다 몬트리올에 설립되었으며, 현재 본부는 스페인 마드리드에 있다. IFBB는 매년 전 세계적으로 1400개 이상의 행사를 개최하고 있으며, SportAccord, UNESCO 등의 회원단체로서 세계도핑방지규약(World Anti-Doping Code)을 준수하는 국제스포츠기구로 인정받고 있다.
홈페이지	http://www.ifbb.com/
Tel	+34-91-535-28-19
Email	info@ifbb.com

기관명	국제캐스팅스포츠연맹 International Casting Sport Federation (ICSF)
기관소개	국제캐스팅스포츠연맹(ICSF)은 '낚싯줄 던지기' 경기인 캐스팅 (Casting)을 주관하는 국제단체로 1955년 9월 24일 네덜란드 로테르담에서 창립되었다. ICSF는 1958년 국제올림픽위원회(IOC)의 승인을 받았으며, 50개 국가에 회원단체를 보유하고 있다.
홈페이지	http://www.icsf-castingsport.com/
Tel	+420-603-418-049
Email	info@icsf-castingsport.com

기관명	세계다트연맹 World Darts Federation (WDF)
기관소개	세계다트연맹(WDF)은 1976년에 설립되어 전 세계적으로 다트 스포츠를 관장하고 홍보하는 비정부 및 비영리 기구이다.
홈페이지	http://www.dartswdf.com/
Tel	+1-403-548-2939
Email	corporate@dartswdf.com

기관명	국제드래곤보트연맹 International Dragon Boat Federation (IDBF)
기관소개	국제드래곤보트연맹(IDBF)은 드래곤보트 및 기타 패들 스포츠 활동을 위한 국제 비정부, 비영리 기구이다. IDBF는 드래곤보트 레이싱 스포츠의 발전을 장려하고 아시아의 문화적, 역사적, 종교적 전통을 유지하고 선수들과 관계자들을 하나로 묶어 유대를 강화한다는 목적으로 1991년 홍콩에서 설립되었다.
홈페이지	https://dragonboat.sport/
Tel	+86-10-6712-8832
Email	idbfdragon@126.com

구분	내용
기관명	세계드라우츠연맹
	World Draughts Federation (FMJD)
기관소개	세계드라우츠연맹(FMJD)은 모든 종류의 드라우츠를 관리하는 국제기구이다. FMJD는 1947년 프랑스, 네덜란드, 벨기에, 스위스의 4개 연맹에 의해 설립되었고, 79개의 회원국을 가진 연맹으로 성장했다.
홈페이지	http://www.fmjd.org/
Tel	+31-20-616-7402
Email	office@fmjd.org

구분	내용
기관명	국제피스트볼협회
	International Fistball Association (IFA)
기관소개	국제피스트볼협회(IFA)는 피스트볼 종목을 담당하는 국제스포츠기구이다. IFA는 65개의 회원단체와 함께 피스트볼 종목을 발전시키는 것을 목표로 하고 있다. IFA는 독립인증경기연맹연합(AIMS), 국제경기연맹총연합회(GAISF), 국제월드게임협회(IWGA)의 회원이다.
홈페이지	http://www.ifa-fistball.com/
Tel	+43-676-564-81-46
Email	office@ifa-fistball.com

구분	내용
기관명	국제바둑연맹
	International Go Federation (IGF)
기관소개	국제바둑연맹(IGF)은 바둑 종목을 홍보하고, 발전시키는 것을 목표로 하고 있다. 바둑 세계선수권대회를 개최하고, 회원단체들의 스포츠 발전을 돕고 있다.
홈페이지	http://intergofed.org/
Tel	+81-3-3288-8727
Email	office@intergofed.org

기관명	국제주짓수연맹
	Ju-Jitsu International Federation (JJIF)
기관소개	국제주짓수연맹(JJIF)은 국제월드게임협회(IWGA)와 국제경기연맹총연합회(GAISF)의 승인을 받아 5개 대륙에 102개의 회원단체를 보유하는 국제기구로서 전 세계 주짓수 종목 관련 이슈를 관리하는 기구이다.
홈페이지	https://jjif.sport/
Tel	+359-2-9582829
Email	mail@jjif.org

기관명	국제검도연맹
	International Kendo Federation (FIK)
기관소개	국제검도연맹(FIK)은 1970년에 설립되었으며, 설립 당시 17개의 회원단체가 있었지만 65개의 회원단체와 함께 검도 종목을 발전시키는 것을 목표로 하는 비정부기구이다.
홈페이지	http://www.kendo-fik.org/
Tel	+81-3-3234-6271
Email	kendo-fik@kendo.or.jp

기관명	세계미니골프스포츠연맹
	World Minigolf Sport Federation (WMF)
기관소개	세계미니골프스포츠연맹(WMF)은 전 세계 5개 대륙에 있는 65개 미니골프협회의 유일한 연합 기구이다. WMF는 국제경기연맹총연합회(GAISF)와 독립인증경기연맹연합(AIMS)의 회원이며, 전 세계적으로 38,000명 이상의 등록 선수가 있다. WMF는 1983년에 설립되었으며, 2년마다 열리는 세계선수권대회, 청소년세계선수권대회, 유럽청소년선수권대회를 주최한다.
홈페이지	http://www.minigolfsport.com/
Tel	+46-76-1330788
Email	office@minigolfsport.com

구분	내용
기관명	국제파워리프팅연맹 International Powerlifting Federation (IPF)
기관소개	파워리프팅은 전 세계 100개 이상의 국가에서 행해지는 국제적인 스포츠이다. 남녀 선수 모두 성별과 연령대와 체중을 기준으로 경쟁한다. 파워리프팅 선수는 스쿼트, 벤치프레스, 데드리프트 등 3개 세부종목에서 경쟁을 벌인다.
홈페이지	https://www.powerlifting.sport/
Tel	+352-26-389-114
Email	office@powerlifting.sport

구분	내용
기관명	국제사바테연맹 International Savate Federation (FISav)
기관소개	국제사바테연맹(FISav)은 국제 사바테 종목을 관장하는 국제기구이다. 사바테는 모든 킥과 펀치가 명확한 원칙을 지키며 윤리, 미학, 교육의 핵심 가치를 고려하여 정확하게 행해져야 하는 격투 스포츠이다.
홈페이지	https://www.savate.sport/
Tel	+44-1223-926030
Email	fisavate.office@gmail.com

구분	내용
기관명	국제세팍타크로연맹 International Sepaktakraw Federation (ISTAF)
기관소개	국제세팍타크로연맹(ISTAF)은 공식적으로 태국에 본부를 두고 싱가포르에 사무국을 두고 있다. ISTAF는 건전한 리더십 지속과 경영진의 추진력 아래 현재 31개의 회원단체와 국제 세팍타크로 커뮤니티를 대표하는 기구로 성장했다.
홈페이지	http://www.sepaktakraw.org/
Tel	+65-6449-8963
Email	eo@perses.org

기관명	국제독스포츠연맹
	International Federation of Sleddog Sports (IFSS)
기관소개	국제독스포츠연맹(IFSS)은 1989년 GAISF의 회원자격을 부여받았으며, 2011년 국제마스터스게임협회(IMGA)의 회원이 되었다. 벨기에 브뤼셀에 본부를 두고 있는 IFSS는 매년 월드컵을 개최하고, 2년마다 세계선수권대회를 개최한다.
홈페이지	http://www.sleddogsport.net/
Tel	+1-832-444-3731
Email	info@sleddogsport.net

기관명	국제소프트테니스연맹
	International Soft Tennis Federation (ISTF)
기관소개	1988년 아시아정구연맹이 해체하고 재창립한 국제소프트테니스연맹(ISTF)은 전 세계 소프트볼 경기 활동을 관리하고 감독하는 국제기구이다. 1975년 제1회 국제대회 이후 2년마다 경기를 개최하다가 1991년부터 4년마다 국제대회를 개최하고 있다.
홈페이지	http://www.softtennis-istf.org/
Tel	+82-53-426-7117
Email	softtennisistf@gmail.com

기관명	국제스포츠낚시연맹
	International Sports Fishing Confederation (CIPS)
기관소개	국제스포츠낚시연맹(CIPS)은 스포츠 낚시의 발전을 위해 설립된 단체이다. CIPS는 차별 없는 스포츠를 위해 노력하며 138개의 회원단체를 보유하고 있다.
홈페이지	https://www.cips-fips.com/
Tel	+39-06-879-805-14
Email	cipssecretariat@cips-fips.com

구분	내용
기관명	국제테크볼연맹 International Federation of Teqball (FITEQ)
기관소개	국제테크볼연맹(FITEQ)은 테크볼과 장애인 테크볼을 관리 및 통치하는 단체이다. 테크볼은 다이나믹하고 청소년들이 쉽게 즐길 수 있는 스포츠로 1:1 혹은 2:2로 진행된다. FITEQ는 테크볼의 가치인 존중, 협동, 열정 등을 통해 모든 사람들이 테크볼을 즐길 수 있도록 종목을 널리 전파하고 있다.
홈페이지	https://www.fiteq.org/
Tel	+353-86-036-1875
Email	info@fiteq.org

구분	내용
기관명	세계팔씨름연맹 World Armwrestling Federation (WAF)
기관소개	세계팔씨름연맹(WAF)은 1977년에 출범하여 현재 82개의 회원국을 보유하고 있다. 두 선수가 각자의 손을 잡고 겨루는 팔씨름 대회는 다른 선수의 팔이 바닥에 닿게 하면 이기는 스포츠이다. WAF는 6개 대륙 선수권 대회를 주관하고, 장애인 팔씨름 대회도 운영하고 있다.
홈페이지	http://www.waf-armwrestling.com/
Tel	+359-888-96-8541
Email	contact@waf-armwrestling.com

구분	내용
기관명	국제실용사격총연맹 International Practical Shooting Confederation (IPSC)
기관소개	국제실용사격연맹(IPSC)은 실용사격 분야에서 가장 크고 오래된 단체이다. 1976년에 설립되었으며, IPSC가 관리하는 사격 스포츠 종목은 핸드건, 라이플, 샷건 그리고 에어 피스톨 등으로 매년 전 세계 105개 국가에서 평균 360개 이상의 레벨3(대규모지역경기)가 진행된다.
홈페이지	https://www.ipsc.org/
Tel	+34-971-796-232
Email	info@IPSC.org

5. 준회원(Associate Members)

기관명	유럽방송연맹 European Broadcasting Union (EBU)
기관소개	유럽방송연맹(EBU)은 유럽 56개국에 112개 회원단체를 보유하고 있다. 회원단체는 약 2,000개의 TV 및 라디오 채널과 온라인 플랫폼을 운영하고 있다. EBU의 방송은 153개 이상의 언어로 송출되며 전 세계 10억 명 이상의 시청자를 확보하고 있다.
홈페이지	http://www.ebu.ch/
Tel	+41-22-717-21-11
Email	ebu@ebu.ch

기관명	영연방경기대회연맹 Commonwealth Games Federation (CGF)
기관소개	영연방경기대회(Commonwealth Games)는 4년마다 개최되는 독특한 세계 수준의 종합 스포츠대회이다. 영연방경기대회연맹(CGF)은 영연방경기의 운영과 관리를 책임지는 기관이다.
홈페이지	http://www.thecgf.com/
Tel	+44-20-7747-6427
Email	info@thecgf.com

기관명	국제마스터스게임협회 International Masters Games Association (IMGA)
기관소개	국제마스터스게임협회(IMGA)는 나이, 성별, 인종, 종교, 지위에 관계없이 성인 스포츠인들 간의 경쟁, 우정, 이해를 증진하기 위해 1995년에 설립되었다.
홈페이지	http://www.imga.ch/
Tel	+41-21-601-81-71
Email	hello@imga.ch

구분	내용
기관명	국제지중해게임위원회
	International Committee of the Mediterranean Games (CIJM)
기관소개	국제지중해게임위원회(ICMG)는 4년마다 개최되는 지중해경기대회를 조직 및 관리하며, 지중해비치게임(Mediterranean Beach Games)도 주관한다.
홈페이지	http://www.cijm.org.gr/
Tel	+30-210-68-50-206
Email	info@cijm.org.gr

구분	내용
기관명	국제군인스포츠위원회
	International Military Sports Council (CISM)
기관소개	국제군인스포츠위원회(CISM)는 136개 회원단체를 위해 다양한 국제스포츠 행사를 개최하고 있으며, 매년 약 30개의 다양한 대륙별, 지역별 대회를 개최하고 있다. CISM은 국제 평화를 위해 스포츠에 상당한 투자를 하고 있으며, '연대'는 기관의 주요 전략 중 하나이다.
홈페이지	http://www.cism-milsport.org/
Tel	+32-2-647-68-52
Email	media@cism-milsport.com

구분	내용
기관명	국제마인드스포츠협회
	International Mind Sports Association (IMSA)
기관소개	국제마인드스포츠협회(IMSA)는 일반적으로 신체적 능력을 겨루는 올림픽과 달리 두뇌 능력을 겨루는 세계마인드스포츠대회를 주관한다. 세부종목으로는 바둑, 체스, 브리지, 체커, 중국 장기 등 총 5개 종목이 있다.
홈페이지	http://www.imsaworld.com/
Tel	+971-567-697-927
Email	info@imsaworld.org

기관명	세계올림피언협회
	World Olympians Association (WOA)
기관소개	세계올림피언협회(WOA)는 올림픽 참가자들로 구성된 협회이며, 올림픽 종목에서의 페어플레이 정신, 도핑방지 교육, 다양성과 평등에 대한 교육을 진행한다. WOA는 1995년 11월 21일 올림픽 박물관에서 25명의 창립 회원국이 참석한 가운데 설립되었으며, 현재 전 세계적으로 100,000명 이상의 올림픽 선수들이 가입되어 있다.
홈페이지	http://olympians.org/
Tel	+377-97-97-78-02
Email	info@thewoa.org

기관명	파나슬론 인터내셔널
	Panathlon International
기관소개	Panathlon International은 국제올림픽위원회(IOC)의 승인에 따라 스포츠 문화와 윤리의 증진을 위한 국제적 무브먼트를 주도하는 비영리 단체이며, 연대의 매개체가 되는 스포츠의 가치를 확산 및 강화하는 것을 목적으로 한다.
홈페이지	http://www.panathlon-international.org/
Tel	+39-0185-65295
Email	info@panathlon.net

기관명	국제패럴림픽위원회
	International Paralympic Committee (IPC)
기관소개	패럴림픽 무브먼트(Paralympic Movement)의 글로벌 운영 기구 역할을 수행하는 국제패럴림픽위원회(IPC)는 1989년 9월 22일 독일 뒤셀도르프에 국제 비영리 기구로 설립되었으며, 현재는 독일 본에 본부를 두고 있다. 패럴림픽(Paralympic)은 평등(Parallel)을 의미하는 'para'와 'Olympic'의 합성어이며, 장애인들의 건강 증진에 기여하며 패럴림픽 무브먼트를 주도한다.
홈페이지	https://www.paralympic.org/
Tel	+49-228-2097-200
Email	info@paralympic.org

구분	내용
기관명	패럴림픽종목연합회 Association of Paralympic Sports Organisations (APSO)
기관소개	2017년에 창설된 패럴림픽종목연합회(APSO)는 17개의 국제경기 연맹(IF)과 스포츠기구로 구성된 연합회이며, 패럴림픽 무브먼트 에서 선수들의 이익을 보호하고 증진하는 것을 목적으로 한다.
홈페이지	http://www.apso.sport/
Tel	-
Email	info@apso.sport

구분	내용
기관명	국제학교스포츠연맹 International School Sport Federation (ISF)
기관소개	국제학교스포츠연맹(ISF)은 스포츠를 통한 교육과 다양한 스포 츠 분야의 국제 학교 스포츠 행사를 조직하고 교류를 증진하여 상호 이해를 도모하기 위해 창설되었다. ISF는 각 단체에서 참가 자들 간의 스포츠 정신, 문화, 사회적 교류를 강조한다. ISF의 활 동은 중등학교로 제한되어 있으며 14세부터 18세까지의 학생들 을 대상으로 하고 있다.
홈페이지	http://www.isfsports.org/
Tel	+32-27-10-1938
Email	admin@isfsports.org

구분	내용
기관명	국제스페셜올림픽위원회 Special Olympics (SOI)
기관소개	1968년에 창설된 국제스페셜올림픽위원회(SOI)는 지적장애를 가 진 어린이와 성인을 위한 다양한 올림픽 형식의 스포츠와 체육 대 회를 제공하는 것이 목적이다. 이를 통해 그들이 신체적 건강을 증진할 기회를 제공하고, 다양한 감정을 경험하고 선수 가족과 다 른 참가자들이 지역사회와 교류할 수 있는 방향을 제시한다.
홈페이지	http://www.specialolympics.org/
Tel	+1-202-628-3630
Email	info@specialolympics.org

기관명	국제스포츠레져설비협회
	International Association for Sports and Leisure Facilities (IAKS)
기관소개	국제스포츠레져설비협회(IAKS)는 스포츠와 레져, 레크리에이션 산업을 위해 설립된 비영리 단체이다. IAKS는 다양한 단체와 협력하며 실내·외 레져 스포츠 발전을 도모하며, 국제 포럼을 개최하여 계획 및 운영 관련 정보를 공유한다.
홈페이지	https://iaks.sport/
Tel	+49-221-16-80-230
Email	info@iaks.org

기관명	국제스포츠카이로프랙틱연맹
	International Federation of Sports Chiropractic (FICS)
기관소개	국제스포츠카이로프랙틱연맹(FICS)은 국제 카이로프랙틱 종목을 관리 및 통치하는 단체이다. 국가카이로프랙틱협회들의 연합이며, 전 세계의 카이로프랙틱과 다양한 스포츠의 발전을 도모하고 있다.
홈페이지	https://fics.sport/
Tel	+61-417-324-384
Email	admin@ficsport.org

기관명	국제농아인스포츠위원회
	International Committee of Sports for the Deaf (ICSD)
기관소개	국제농아인스포츠위원회(ICSD)는 데플림픽대회와 세계 농아인 챔피언십을 주관하는 단체이다. 1924년 설립된 ICSD는 농아인의 스포츠 발전을 도모하고 있다.
홈페이지	http://www.deaflympics.com/
Tel	+7-499-255-04-36
Email	office@ciss.org

구분	내용
기관명	국제스포츠의학연맹 International Federation of Sports Medicine (FIMS)
기관소개	국제스포츠의학연맹(FIMS)은 1928년 설립된 비영리 단체로서 스포츠 의학을 연구하고 발전하는 것을 도모한다. 스포츠 참여와 피트니스를 통해 인류의 건강 증진을 위해 힘쓰고 있다.
홈페이지	https://www.fims.org/
Tel	+41-78-733-35-67
Email	headquarters-ch@fims.org

구분	내용
기관명	세계체육기자연맹 International Sports Press Association (AIPS)
기관소개	세계체육기자연맹(AIPS)은 전 세계 체육 기자들의 권리를 위해 1924년 설립된 단체로 매년 정기 회의를 개최하고 있다. 모든 회원은 각자 독립적으로 활동할 권리를 가진다.
홈페이지	https://www.aipsmedia.com/
Tel	+39-0381-690-636
Email	info@aipsmedia.com

구분	내용
기관명	세계이식인경기연맹 World Transplant Games Federation (WTGF)
기관소개	세계이식인경기연맹(WTGF)은 이식 수술을 받은 선수들이 참가하는 국제대회인 세계이식인경기를 주관하는 연맹이다. 1978년 설립되어 현재 54개의 회원단체가 소속되어 있다. 하계와 동계 세계이식인경기를 주최하고 이를 통해 장기 이식에 대한 사회적 인식을 제고하고 참가자의 건강 증진을 도모한다.
홈페이지	https://wtgf.org/
Tel	+44-1962-832560
Email	wtgf@wtgf.org

기관명	국제사회인아마추어스포츠연맹
	International Workers and Amateurs in Sports Confederation (CSIT)
기관소개	국제사회인아마추어스포츠연맹(CSIT)은 1913년 설립된 노동자들의 스포츠 무브먼트에 뿌리를 두고 있다. CSIT는 2년마다 아마추어 멀티스포츠 대회인 CSIT 월드스포츠게임을 주관하고 있다.
홈페이지	https://www.csit.tv/
Tel	+43-676-847464-25
Email	office@csit.tv

기관명	국제월드게임협회
	International World Games Association (IWGA)
기관소개	국제월드게임협회(IWGA)는 비정부·비영리 국제기구로서, 월드게임(World Games)을 관장하기 위해 1980년 설립되었다. 월드게임은 4년마다 열리는 국제대회로, 올림픽에 채택되지 않은 종목들을 선보이고 있다.
홈페이지	https://www.theworldgames.org/
Tel	+41-21-601-03-21
Email	office@iwga.sport

기관명	세계올림픽도시연맹
	World Union of Olympic Cities (WUOC)
기관소개	올림픽을 개최하거나 개최할 예정인 도시들의 연합으로, 국제올림픽위원회(IOC)의 지원을 통해 올림픽 개최도시에서의 올림픽 무브먼트를 확산시켜 스포츠를 통한 더 나은 사회를 만드는 데 이바지하려는 목적을 가진 연맹이다. 개최도시의 올림픽 유산 활성화를 위해 '스마트 도시와 스포츠 서밋' 이벤트를 매년 개최하고 있다. 현재 평창, 강릉, 정선을 비롯하여 전 세계 44개의 도시가 소속되어 있다.
홈페이지	https://www.olympiccities.org/
Tel	+41-21-315-24-49
Email	info@olympiccities.org

구분	내용
기관명	세계스포츠용품산업연맹
	World Federation of the Sporting Goods Industry (WFSGI)
기관소개	세계스포츠용품산업연맹(WFSGI)은 1978년 창설된 스포츠용품 산업을 대변하는 비영리 기관이다. 스포츠용품 제조사, 스포츠 브랜드, 스포츠용품 판매업자 등의 단체가 가입되어 있으며, 전 세계 스포츠용품 매출의 70% 이상이 WFSGI 회원으로부터 나온다.
홈페이지	https://wfsgi.org/
Tel	+41-31-939-60-61

구분	내용
기관명	팬아메리칸 스포츠연맹
	The Association of Pan American Sports Confederations (ACODEPA)
기관소개	팬아메리칸 스포츠연맹(ACODEPA)은 1992년 창립되었으며, 팬아메리칸 스포츠기구(Panam Sports)가 인정하는 국제기구 및 대륙별 조직으로 스포츠 분야의 발전을 촉진하기 위해 노력하고 있다.
홈페이지	http://www.acodepa.org/en/
Tel	+502-2296-1092
Email	info@acodepa.org

구분	내용
기관명	세계무예마스터십위원회
	World Martial Arts Masterships Committee (WMC)
기관소개	세계무예마스터십위원회(WMC)는 무예인과 무예에 관심을 가지고 있는 세계인의 화합과 축제의 장인 세계무예마스터십을 주최하는 최고 기구로서, 세계무예진흥에 앞장서고 있음은 물론, 세계무예마스터십 운동의 구심점 역할을 담당하기 위한 토대를 대한민국 충청북도에 본부를 마련하였다.
홈페이지	http://www.masterships.sport/
Tel	+82-043-220-8763
Email	wmc@mastership.org

참고 자료

Chapter 1

Association of IOC Recognized International Sports Federations. (2017). *Statutes.* Lausanne, Switzerland.

Association of Summer Olympic International Federations. (2020). *Statutes.* Lausanne, Switzerland.

Chappelet, J. L. (2016). From Olympic administration to Olympic governance. *Sport in Society*, 19(6), 739-751.

Chappelet, J. L., & Mrkonjic, M. (2013). *Basic Indicators for Better Governance in International Sport (BIBGIS): An assessment tool for international sport governing bodies* (No. 1/2013). IDHEAP.

Foster, J. (2006). Global sport Organisations and their governance. *Corporate Governance,* 6(1), 72-83.

Gillentine, A., Crow, R. B., & Harris, J. (2009). Introduction to the sport industry. *Foundations of sport management,* 1-14.

International Olympic Committee (2021). *Who we are.* Retrieved from https://www.olympic.org/about-ioc-olympic-movement.

International Olympic Committee. (2020). *The Olympic Charter.* In force as from 17 July 2020. Lausanne.

International Paralympic Committee. (2006). Preamble. In *IPC Handbook* (pp.1-3). Bonn, Germany.

Olympic Council of Asia. (2019). *Constitution and Rules.* Kuwait City, State of Kuwait: Olympic Council of Asia.

United Nations. (2021). Preamble. In *Transforming our world: the 2030 agenda for sustainable development.* Retrieved from https://sdgs.un.org/2030agenda.

Chapter 2

International Olympic Committee. (2021, March 10). *Thomas Bach re-elected as IOC President for second term.* Retrieved from https://olympics.com/ioc/news/thomas-bach-re-elected-as-ioc-president-for-second-term.

PyeongChang 2018 Olympic Games Organizing Committee. (2016). *POCOG's style guide: Pre-Games edition.* PyeongChang, Republic of Korea: PyeongChang 2018 Olympic Games Organizing Committee.

Swan, M. (2016). *Practical english usage* (4th ed.). Oxford University Press.

Chapter 3

Athlete 365. (2021). *Safe sport.* Retrieved from https://olympics.com/athlete365/what-we-do/integrity/safe-sport/.

British Council. (2021). *Premier skills English.* Retrieved from https://premierskills english.britishcouncil.org/.

International Olympic Committee. (2021, April 28). *The Playbook: Athletes and Officials.* Lausanne, Switzerland: International Olympic Committee.

International Olympic Committee. (2020). *The Olympic Charter.* In force as from 17 July 2020. Lausanne.

International Paralympic Committee. (2020). *Accessibility Guide: October 2020.* Bonn, Germany: International Paralympic Committee.

Korea Sports Promotion Foundation. (2020). *Sports English Basics.* Seoul, Republic of Korea: KSPO.

United Kingdom Anti-Doping. (2021). The testing process. Retrieved from https://www.ukad.org.uk/violations/testing-process.

United States Anti-Doping Agency. (2021). *Sample collection process.* Retrieved from https://www.usada.org/sample-collection-process/.

Chapter 4

Alliance of Independent Recognized Members of Sport. (2021). *Our member federations.* Retrieved from http://aimsisf.org/authors/

Association of IOC Recognized International Sports Federations. (2021). *Members.* Retrieved from https://www.arisf.sport/members.aspx

Association of National Olympic Committees of Africa. (2021). *The games.* Retrieved from http://africaolympic.com/en/the-games/

Association of Summer Olympic International Federations. (2020). *Statutes.* Lausanne, Switzerland: Association of Summer Olympic International Federations.

Association of Summer Olympic International Federations. (2021). *Members.* Retrieved from https://www.asoif.com/members

Canadian Paralympic Committee. (2021). *Beijing 2022.* Retrieved from https://paralympic.ca/beijing-2022

Commonwealth Games Federation. (2021). *Our Games.* Retrieved from https://thecgf.com/games

European Olympic Committees. (2021). *Sports Events.* Retrieved from https://www.eurolympic.org/sport-events/

Federation of Gay Games. (2021). Gay Games Site Selection. Retrieved from https://gaygames.org/Site-Selection

Indonesia 2018 Asian Para Games. (2018, April 26). *Indonesia 2018 Asian Para Games qualification guide.* Retrieved from https://www.paralympic.org/sites/default/files/document/180618091501878_Asian+Para+Games+Qualification+Guide+v3.PDF

International Committee for Sports for the Deaf. (2021). *Games.* Retrieved from https://www.deaflympics.com/games

International Federation for Equestrian Sports. (2021). *Pan Arab Games.* Retrieved from https://inside.fei.org/fei/games/cont-regional/pan-arab

International Olympic Committee. (2021). *AIOWF.* Retrieved from https://olympics.com/ioc/international-federations/aiowf

International Olympic Committee. (2021b). *International Sports Federations*. Retrieved from https://olympics.com/ioc/international-federations

International Olympic Committee. (2021c). *Celebrate Olympic Games*. Retrieved from https://olympics.com/ioc/celebrate-olympic-games

International Olympic Committee. (2021d, January 7). *Olympic programme: XXIV Olympic Winter Games – Beijing 2022*. Retrieved from https://stillmedab.olympic.org/media/Document%20Library/OlympicOrg/Games/Winter-Games/Games-Beijing-2022-Winter-Olympic-Games/Sports-programme/Programme-Beijing2022-EN-DEF.pdf

International Olympic Committee. (2021e, May 26). *Official programme of the Olympic Games Tokyo 2020*. Retrieved from https://stillmed.olympic.org/media/Document%20Library/OlympicOrg/Games/Summer-Games/Games-Tokyo-2020-Olympic-Games/Tokyo-2020-event-programme.pdf

International Olympic Committee. (2021f, June 14). *Official programme of the Olympic Games Paris 2024*. Retrieved from https://stillmedab.olympic.org/media/Document%20Library/OlympicOrg/News/2020/12/Paris-2024-Event-Programme.pdf

International Olympic Committee. (2013, February 14). *List of NOCs in IOC Protocol Order*. Retrieved from https://stillmed.olympics.com/media/Document%20Library/OlympicOrg/Documents/National-Olympic-Committees/List-of-National-Olympic-Committees-in-IOC-Protocol-Order.pdf?_ga=2.156483771.1409251390.1624838464-1280801786.1619742513

International Olympic Committee. (n.d.) *Olympic programme: XXIII Olympic Winter Games – PyeongChang 2018*. Retrieved from https://stillmed.olympic.org/media/Document%20Library/OlympicOrg/Games/Winter-Games/Games-PyeongChang-2018-Winter-Olympic-Games/Sports-programme/Olympic-Programme-sports-PyeongChang-2018.pdf

International Paralympic Committee. (2021). *Sports programme – Paris 2024 Paralympic Games*. Retrieved from https://www.paralympic.org/video/sports-programme-paris-2024-paralympic-games

International Paralympic Committee. (2021b). *Results archive - PyeongChang 2018.* Retrieved from https://www.paralympic.org/pyeongchang-2018/results

International Paralympic Committee. (2021c). *Qualification criteria.* Retrieve from https://www.paralympic.org/beijing-2022/qualification-criteria

International Paralympic Committee. (2020, August 3). *Tokyo 2020 announces Paralympic competition schedule.* Retrieved from https://www.paralympic.org/news/tokyo-2020-announces-paralympic-competition-schedule

International Paralympic Committee. (2019, October 19). *Hangzhou 2022: sport programme announced.* Retrieved from https://www.paralympic.org/news/hangzhou-2022-sport-programme-announced

International University Sports Federation. (2021). *Hosting.* Retrieved from https://www.fisu.net/sport-events/hosting

International World Games Association. (2021). *The World Games.* Retrieved from https://www.theworldgames.org/contents/The-IWGA-15/The-World-Games-3

Invictus Games Foundation. (2021). *The Invictus Games.* Retrieved from https://invictusgamesfoundation.org/games/

Islamic Solidarity Sports Federation. (2021). *Establishment.* Retrieved from https://issf.sa/en/?page_id=3479#

Jakarta and Palembang Asian Games 2018 sports. (2021). Retrieved from https://www.insidethegames.biz/major-games/asian-games/jakarta-palembang-2018/sports#content

Oceania National Olympic Committee. (2021). *Regional Games.* Retrieved from https://www.oceanianoc.org/games/regional

Oceania National Olympic Committee. (2021b). Sub-*regional Games.* Retrieved from https://www.oceanianoc.org/games/sub-regional

Olympic Council of Asia. (2021). *Hangzhou 2022.* Retrieved from https://www.ocasia.org/games/2-hangzhou-2022.html

Olympic Council of Asia. (2021b). *Jakarta – Palembang 2018.* Retrieved from https://ocasia.org/games/5-jakarta-palembang-2018.html

Olympic Council of Asia (2021c). *Games.* Retrieved from https://ocasia.org/games/

Panam Sports Organisation. (2021). *Panam Sports Events*. Retrieved from https://www.
    panamsports.org/sports-events/panamsports-events/#filters

PyeongChang 2018 Olympic Games Organizing Committee. (2016). *POCOG's style
    guide: Pre-Games edition*. PyeongChang, Republic of Korea: PyeongChang 2018
    Olympic Games Organizing Committee.

Special Olympics. (2021). *When are Games?* Retrieved from https://www.specialolympics.
    org/our-work/games-and-competition/when-are-games

Tokyo 2020. (2021). *Paralympic competition schedule*. Retrieved from https://olympics.
    com/tokyo-2020/en/paralympics/schedule/

국제올림픽위원회(IOC) - https://www.olympic.org/

국제패럴림픽위원회(IPC) - https://www.paralympic.org/

아시아올림픽평의회(OCA) - https://ocasia.org/

세계도핑방지기구(WADA) - https://www.wada-ama.org/

국제대학스포츠연맹(FISU) - https://www.fisu.net/

국가올림픽위원회연합회(ANOC) - https://www.anocolympic.org/

국제경기연맹총연합회(GAISF) - https://www.gaisf.sport/

올림픽공인종목협의회(ARISF) - https://www.arisf.sport/

하계올림픽종목협의회(ASOIF) - https://www.asoif.com/

동계올림픽종목협의회(AIOWF) - https://www.aiowf.com/

국제축구연맹(FIFA) - https://www.fifa.com/

대한체육회 - https://www.sports.or.kr/

대한장애인체육회 - https://www.koreanpc.kr/

대한체육회경기단체연합회 - http://www.ksau.or.kr/

국제스포츠
실무 기본서

초판인쇄 2022년 8월 31일
초판발행 2022년 8월 31일

지은이 박주희 · 강연홍 · Maria Delgado · 이지민
펴낸이 채종준
펴낸곳 한국학술정보(주)
주 소 경기도 파주시 회동길 230(문발동)
전 화 031-908-3181(대표)
팩 스 031-908-3189
홈페이지 http://ebook.kstudy.com
E-mail 출판사업부 publish@kstudy.com
등 록 제일산-115호(2000. 6. 19)

ISBN 979-11-6801-654-5 13690